Mažasis princas

Manau, kad pabėgti jam padėjo
išskrendantys laukiniai paukščiai.

Antoine de Saint-Exupéry

Mažasis princas

Su autoriaus akvarelėmis

Iš prancūzų kalbos vertė
Pranas Bieliauskas

Alma littera
VILNIUS / 2009

UDK 840-93
Sa73

Versta iš:
Antoine de Saint-Exupéry
LE PETIT PRINCE
Gallimard, Paris, 1999

ISBN 978-9955-08-962-9

Leonui Vertui

Atsiprašau vaikų, kad šią knygą skyriau suaugusiam žmogui. Turiu rimtą pasiteisinimą: tas suaugęs žmogus – mano geriausias draugas pasaulyje. Turiu ir kitą pasiteisinimą: tas suaugęs žmogus viską supranta, net vaikiškas knygas. Turiu ir trečią pasiteisinimą: tas suaugęs žmogus gyvena Prancūzijoje, kenčia alkį ir šaltį. Jam labai reikia paguodos. Jei visų šių pasiteisinimų nepakanka, tada skiriu šią knygą vaikui, iš kurio tas žmogus išaugo. Visi suaugusieji kadaise buvo vaikai. (Deja, tai prisimena tik nedaugelis.) Tad taisau paskyrimą:

Leonui Vertui,
kai jis buvo mažas berniukas

I

Kartą, kai man buvo šešeri, knygoje apie pirmykščią girią, pavadintoje *Šiaip pasakojimai,* pamačiau nuostabų paveikslėlį. Ten buvo nupieštas smauglys, ryjantis kažkokį žvėrį. Štai to piešinio kopija.

Knygoje buvo parašyta: „Smaugliai praryja visą savo auką nekramtydami, užtat jie negali nė krustelėti ir pusę metų miega ją virškindami“.

Tada daug mąsčiau apie džiunglių nuotykius ir galiausiai spalvotu pieštuku man pavyko nupaišyti savo pirmąjį piešinį. Piešinį numeris 1. Jis atrodė taip:

Savo šedevrą parodžiau suaugusiems žmonėms ir paklausiau, ar jiems mano piešinys baisus.

Jie atsakė:

– Kodėl skrybėlė turėtų būti baisi?

Bet aš buvau nupiešęs ne skrybėlę, o smauglį, kuris virškina dramblį. Tada nupiešiau vidų, kad suaugusieji galėtų suprasti. Jiems visada reikia paaiškinti. Mano piešinys numeris 2 atrodė taip:

Suaugusieji man patarė nepiešti smauglių nei iš išorės, nei iš vidaus, o verčiau domėtis geografija, istorija, aritmetika ir gramatika. Todėl būdamas šešerių atsisakiau puikios dailininko karjeros. Patyręs nesėkmę su piešiniais numeris 1 ir numeris 2, labai nusiminiau. Suaugusieji niekad nieko nesupranta patys, o vaikams pabosta visą laiką jiems aiškinti ir aiškinti...

Tad turėjau rinktis kitą profesiją ir išmokau vairuoti lėktuvus. Apskridau jais beveik visą pasaulį. Ir geografija man iš tikrųjų labai pravertė. Aš įstengdavau iš pirmo žvilgsnio atskirti Kiniją nuo Arizonos. Tai labai naudinga, jei pasiklysti naktį.

Per savo gyvenimą man teko be galo daug bendrauti su begale rimtų žmonių. Aš ilgai gyvenau tarp suaugusiųjų. Prisižiūrėjau į juos iš labai arti, bet mano nuomonė apie juos ne kaži kiek pagerėjo.

Kai sutikdavau suaugusįjį, kuris man atrodydavo truputį nuovokesnis už kitus, išbandydavau jį savo piešiniu numeris 1, kurį išsaugojau. Norėdavau sužinoti, ar tas žmogus iš tikrųjų ką nutuokia. Bet visada išgirsdavau tą patį atsakymą: „Tai skrybėlė“. Todėl daugiau nebesikalbėdavau su juo nei apie smauglius, nei apie pirmykščias girias, nei apie žvaigždes. Nusileisdavau iki jo lygio, ir mudu šnekėdavomės apie bridžą, golfą, politiką ir kaklaraiščius. Ir tas suaugėlis būdavo labai laimingas susipažinęs su tokiu protingu žmogumi...

II

Taip ir gyvenau vienas, neturėdamas su kuo pasišnekėti iš širdies, kol prieš šešerius metus Sacharos dykumoje įvyko avarija. Kažkas sulūžo mano lėktuvo variklyje. Su manimi nebuvo nei mechaniko, nei keleivių, ir aš nusprendžiau pamėginti jį sutaisyti pats, nors manęs laukė sunkus darbas. Man tai buvo gyvybės ar mirties klausimas. Geriamojo vandens turėjau vos vienai savaitei.

Pirmąjį vakarą užmigau ant smėlio už tūkstančio mylių nuo žmonių gyvenamos vietos. Jaučiausi vienišesnis nei viduryje vandenyno ant plausto plūduriuojantis jūreivis, išsigelbėjęs iš skęstančio laivo. Todėl galite įsivaizduoti, kaip nustebau, kai auštant mane pažadino keistas plonytis balselis. Jis tarė:

– Prašau... nupiešk man avelę.

– Ką?

– Nupiešk man avelę...

Pašokau, tarsi į mane būtų trenkęs žaibas. Pasitryniau akis. Gerai apsižvalgiau aplink. Ir pamačiau mane rimtai stebintį nepaprastą mažą berniuką. Štai geriausias jo portretas, kurį vėliau man pavyko nupiešti. Mano piešinys, žinoma, žavumu nė kiek neprilygsta modeliui. Tačiau aš nekaltas. Kai buvau šešerių, suaugusieji man atmušė bet kokį norą tapti dailininku, ir aš nieko daugiau neišmokau piešti, tik smauglius iš vidaus ir iš išorės.

Tad išpūtęs iš nuostabos akis žiūrėjau į netikėtą vaiduoklį. Nepamirškit, kad buvau atsidūręs už tūkstančio mylių nuo bet kokios gyvenamos vietos. Tačiau mano mažylis neatrodė nei išklydęs iš kelio, nei mirtinai pavargęs, nei mirštantis iš alkio, troškulio ar baimės. Ir nė kiek nebuvo panašus į vaiką, pasiklydusį dykumos viduryje, už tūkstančio mylių nuo bet kokios gyvenamos vietos.

Galop atgavęs žadą paklausiau:

– Bet... ką tu čia veiki?

Ir tada jis vėl tyliai, bet labai rimtai pakartojo:

Štai geriausias jo portretas, kurį
vėliau man pavyko nupiešti

– Prašau... nupiešk man avelę.

Kai viskas taip paslaptinga ir stulbinama, nedrįsti spyriotis. Nors ir kaip man tai atrodė kvaila čia, už tūkstančio mylių nuo gyvenamųjų vietovių ir per plauką nuo mirties, išsiėmiau iš kišenės popieriaus lapą ir automatinį plunksnakotį. Bet staiga prisiminęs, kad mokykloje man daugiausia teko mokytis geografijos, istorijos, aritmetikos ir gramatikos, mažyliui atsikirtau (net piktokai), kad nemoku piešti. Jis atsakė:

– Nesvarbu. Nupiešk man avelę.

Kadangi niekad nebuvau piešęs jokios avelės, nupiešiau jam vieną iš dviejų piešinėlių, kurie man išeidavo: smauglį iš išorės. Ir labai nustebau, kai mažylis sušuko:

– Ne! Ne! Nenoriu dramblio smauglyje! Smauglys labai pavojingas, o dramblys labai gremėzdiškas. Ten, kur aš gyvenu, viskas labai maža. Aš noriu avelės. Nupiešk man avelę.

Ir aš nupiešiau.

Mažylis atidžiai pažiūrėjo, paskui tarė:

– Ne! Šita jau labai serga. Nupiešk kitą.

Ir aš nupiešiau.

Mano bičiulis švelniai ir atlaidžiai nusišypsojo.

– Argi tu nematai, kad čia ne avelė, o avinas? Ji su ragais.

Tad aš dar sykį perpiešiau savo piešinį.

Bet jis atmetė jį kaip ir ankstesnius.

– Šita per sena. Aš noriu tokios avelės, kuri ilgai gyventų.

Tada, praradęs kantrybę – mat norėjau kuo greičiau pradėti ardyti variklį, – pakeverzojau štai tokį piešinį.

Ir pareiškiau:

– Tai dėžė. Avelė, kurios tu nori, viduj.

Tačiau labai nustebau pamatęs, kad staiga mano jaunojo teisėjo veidas nušvito:

– Kaip tik tokios aš ir norėjau! Kaip manai, ar ši avelė ėda daug žolės?

– Kodėl klausi?

– Nes ten, kur aš gyvenu, viskas labai maža...

– Žinoma, jai užteks. Aš tau padovanojau labai mažą avelę.

Jis pasilenkė prie piešinio:

– Ne tokią jau mažą... Žiūrėk! Ji užmigo...

Taip aš susipažinau su mažuoju princu.

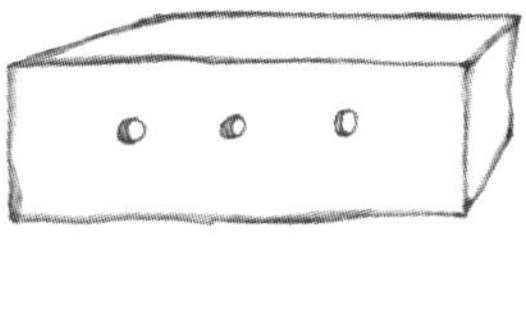

III

Labai ilgai nesupratau, iš kur jis atsirado. Mažasis princas mane apibėrė klausimais, bet manųjų, regis, negirdėjo. Viską pamažu sužinojau tik iš netyčia ištartų jo žodžių. Sakykim, pirmą kartą pamatęs mano lėktuvą (lėktuvo aš nepiešiu, man tai būtų pernelyg sunku), jis paklausė:

– Koks čia daiktas?

– Tai ne daiktas. Jis skrenda. Čia lėktuvas. Mano lėktuvas.

Ir išdidžiai jam pareiškiau, kad moku skraidyti. Tada jis sušuko:

– Kaip? Tu nukritai iš dangaus?

– Taip, – kukliai atsakiau.

– Ak, kaip keista!..

Ir mažasis princas taip skambiai nusikvatojo, kad labai susierzinau: aš noriu, jog į mano nelaimes būtų žiūrima rimtai. Paskui jis pridūrė:

– Vadinasi, tu irgi nusileidai iš dangaus? Iš kokios planetos?

Tada man nušvito jo pasirodymo čia paslaptis, ir aš staiga paklausiau:

– Tai tu čia atkeliavai iš kitos planetos?

Bet jis neatsakė. Tik tyliai linguodamas galvą žiūrėjo į mano lėktuvą:

– Aišku, tokiu daiktu tu negalėjai atskristi iš labai toli...

Jis ilgai kažką galvojo. Paskui išsiėmė iš kišenės mano avelę ir susimąstęs ėmė apžiūrinėti savo lobį.

Galite įsivaizduoti, kokį smalsumą jis man sužadino puse lūpų prasitardamas apie „kitas planetas“. Todėl pamėginau sužinoti daugiau.

– Iš kur tu atsiradai, mažyli? Kur tavo namai? Kur tu nori nusinešti mano avelę?

Ilgokai galvojęs, jis atsakė:

– Labai gerai, kad davei man dėžę: naktimis tai bus jos namelis.

– Žinoma. Ir jei būsi geras, duosiu tau ir virvutę, kad dieną galėtum ją pririšti. Ir kuoliuką.

Bet mano pasiūlymas mažąjį princą, regis, pribloškė.

– Pririšti? Kokia keista mintis!

– Bet jeigu jos nepririši, ji nueis nežinia kur ir pasiklys.

Mano bičiulis vėl nusikvatojo:

Mažasis princas asteroide B 612

– Kurgi ji, tavo manymu, gali eiti?

– Bet kur. Tiesiai, kur veda akys...

Tada mažasis princas rimtai pareiškė:

– Tai nieko, ten, kur aš gyvenu, labai maža vietos.

Ir, regis, truputį nuliūdęs pridūrė:

– Eidamas tiesiai, labai toli nenueisi...

IV

Taip aš išgirdau dar vieną labai svarbų dalyką: jo gimtoji planeta neką didesnė už namą!

Beje, tai mane nelabai nustebino. Gerai žinojau, kad be tokių didelių planetų kaip Žemė, Jupiteris, Marsas, Venera, kurios turi vardus, yra šimtai kitų, bet jos tokios mažiuliukės, kad jas net sunku pamatyti pro teleskopą. Kai astronomas atranda tokią planetą, jis suteikia jai ne vardą, o numerį. Sakykim, pavadina ją „asteroidu 325“.

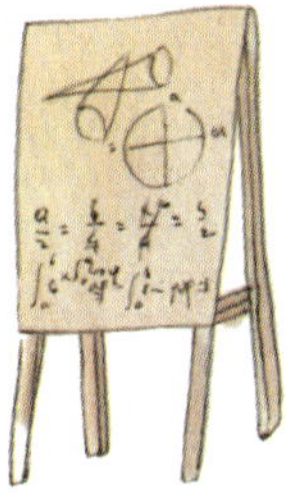

Turiu rimtų priežasčių manyti, kad mažasis princas atskrido iš planetos, kuri vadinasi asteroidas B 612. Tą asteroidą tik kartą, 1909 metais, pro teleskopą pastebėjo vienas turkas astronomas.

Tada tas astronomas apie savo atradimą iškilmingai papasakojo viename tarptautiniame astronomų suvažiavime. Tačiau jis vilkėjo turkiškais drabužiais ir niekas juo nepatikėjo. Tokie jau tie suaugusieji.

Laimė, dėl to asteroido B 612 reputacijos turkų diktatorius, grasindamas mirties bausme, liepė visiems savo valdiniams rengtis europietiškai. 1920 metais astronomas, labai elegantiškai apsitaisęs, vėl padarė pranešimą. Ir šįkart visus įtikino.

Taip smulkiai jums papasakojau apie asteroidą B 612 ir net pasakiau jo numerį tik dėl suaugusiųjų. Suaugusieji mėgsta skaičius.

Kai jiems kalbi apie savo naująjį bičiulį, jie niekad neklausinėja svarbiausių dalykų. Niekad neklausia: „Koks jo balsas? Kokius žaidimus jis mėgsta? Ar jis kolekcionuoja drugelius?“ Jie klausia: „Kiek jam metų? Kiek jis turi brolių? Kiek sveria? Kiek uždirba jo tėvas?“ Ir tik tada tariasi tą bičiulį pažinę. Jeigu sakai suaugusiems žmonėms: „Aš mačiau gražų rausvų plytų namą su snapučiais ant palangių ir balandžiais ant stogo...“, jie niekaip negali įsivaizduoti to namo. Jiems reikia pasakyti: „Aš mačiau namą už šimtą tūkstančių frankų“. Tada jie sušunka: „Ak, koks jis gražus!“

Tad jeigu jiems pasakysi: „Mažasis princas iš tikrųjų buvo, nes jis atrodė žavus, juokėsi ir norėjo avelės, o jei žmogus nori avelės, vadinasi, jis yra“, jie gūžtelės pečiais ir palaikys tave vaiku! Tačiau jeigu jiems pasakysi: „Jis atsirado iš planetos, kuri vadinasi asteroidas B 612“, jie patikės ir daugiau neįkyrės tau savo klausimais. Jie jau tokie. Ir nereikia ant jų pykti. Vaikai turi būti labai atlaidūs suaugusiems žmonėms.

Tačiau, žinoma, mus, kurie suprantame, kas yra gyvenimas, ima juokas iš tų skaičių! Būčiau mieliau pradėjęs šį pasakojimą kaip stebuklinę pasaką. Būčiau mieliau pradėjęs taip:

„Kartą buvo mažasis princas, kuris gyveno mažoje planetoje, neką didesnėje už jį patį, ir jam reikėjo draugo..." Tiems, kurie supranta, kas yra gyvenimas, tai būtų atrodę panašiau į tiesą.

Mat aš nenoriu, kad mano knyga būtų skaitoma nerimtai. Man taip liūdna pasakoti šiuos prisiminimus! Nuo to laiko, kai mano bičiulis dingo su savo avele, prabėgo jau šešeri metai. Ir aš mėginu papasakoti apie jį tik todėl, kad jo nepamirščiau. Skaudu pamiršti draugą. Juk ne visiems žmonėms teko laimė turėti draugą. Be to, aš galiu tapti kaip tie suaugėliai, kuriems rūpi tik skaičiai. Todėl ir nusipirkau dėžutę dažų ir pieštukų. Sunku pradėti piešti mano amžiuje, juoba kad nieko daugiau nesu piešęs, tik smauglį iš vidaus ir iš išorės, kai man buvo šešeri! Žinoma, aš stengsiuosi, kad mano piešiniai išeitų kiek įmanoma tikroviškesni. Bet nesu visiškai tikras, jog man pavyks. Vienas piešinys išeina gerai, o kitas – į nieką nepanašus. Kartais suklystu ir dėl ūgio. Štai čia mažasis princas per didelis. O čia – per mažas. Suabejoju ir dėl jo drabužių spalvos. Tada bandau piešti ir šiaip, ir anaip, kaip išeina. Tikriausiai galiu suklysti ir dėl kai kurių svarbesnių smulkmenų. Bet jūs turėsite man atleisti. Mano bičiulis man niekad nieko neaiškindavo. Gal manė, kad aš panašus į jį. Bet aš, deja, nesugebu matyti avelių kiaurai dėžės sienų. Gal jau esu truputį panašus į suaugusius žmones. Matyt, pasenau.

V

Kasdien vis ką nors sužinodavau apie jo planetą, apie tai, kaip jis išvyko iš jos ir kaip keliavo. Tai išplaukdavo po truputėlį iš jo apmąstymų. Taip trečią dieną išgirdau tragišką istoriją apie baobabus.

Ir šįkart man padėjo avelė. Tarsi rimtų abejonių apniktas, mažasis princas staiga manęs paklausė:

– Sakyk, ar tiesa, kad avelės ėda krūmus?

– Taip, tiesa.

– O! Tada aš patenkintas!

Nesupratau, kodėl jam taip svarbu, kad avelės ėda krūmus. Bet mažasis princas pridūrė:

– Vadinasi, jos ėda ir baobabus?

Paaiškinau mažajam princui, kad baobabai – ne krūmai, o didžiuliai medžiai, didumo sulig bažnyčia, ir net jeigu jis atsivestų visą bandą dramblių, jie neįstengtų sušlamšti net vieno baobabo.

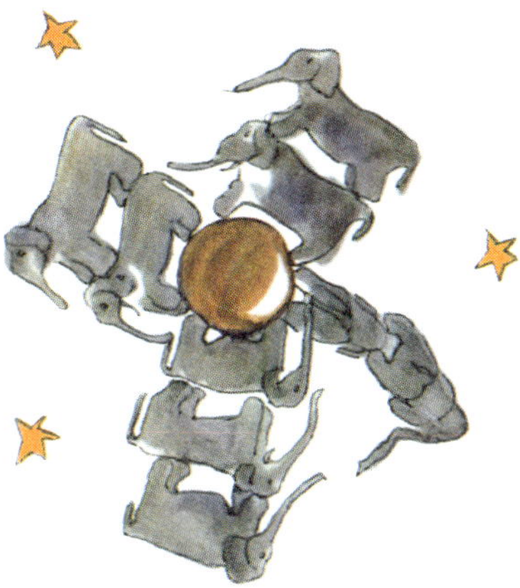

Išgirdęs apie dramblių bandą, mažasis princas nusijuokė:

– Reikėtų juos sustatyti vieną ant kito...

Bet paskui labai protingai pridūrė:

– Prieš užaugdami dideli baobabai pirmiausia būna maži.

– Teisybė. Bet kodėl tu nori, kad tavo avelės nuėstų tuos mažus baobabus?

Jis sušuko:

– Nejau nesupranti! – tarsi viskas būtų savaime aišku.

Ir aš turėjau pasukti galvą, kad įminčiau šią mįslę.

Pasirodo, mažojo princo planetoje, kaip ir bet kurioje kitoje planetoje, augo gerosios žolės ir piktžolės.

Gerosios sėklos išaugina gerąsias žoles, o blogosios – piktžoles. Tačiau sėklos nematomos. Jos miega žemės gelmėse, kol kuriai iš jų staiga šauna į galvą pabusti. Tada ji pasirąžo ir nedrąsiai pradeda stumti saulės link žavų nekaltą daigelį. Jeigu tas daigelis ridikėlio ar rožės, jam leidžiama augti, kaip jis nori. Bet jei piktžolės, vos tik jį atpažįsti, turi tuoj pat išrauti. Ir štai mažojo princo planetoje buvo siaubingų sėklų... baobabų sėklų. Jos buvo užkrėtusios visą planetos žemę. Mat jei baobabo imsiesi per vėlai, paskui niekaip juo neatsikratysi. Jis užkariaus visą planetą. Tiesiog pervers ją savo

šaknimis. Ir jei planeta labai maža, o baobabų pernelyg daug, jie susprogdina ją.

– Reikia laikytis drausmės, – vėliau man paaiškino mažasis princas. – Rytą nusiprausk ir susitvarkyk pats, o paskui kruopščiai apsišvarink savo planetoje. Baobabus turi prisiversti rauti nuolat, vos tik gali juos atskirti nuo rožių krūmų: kol jaunučiai, vienų ir kitų daigai nepaprastai panašūs. Darbas labai nuobodus, bet labai lengvas.

Vieną dieną jis man patarė nuoširdžiai pasistengti ir nupiešti gražų piešinį, kad jį gerai įsimintų mano planetos vaikai.

Baobabai

– Jeigu jie kada nors sumanys keliauti, – aiškino jis, – jiems galės praversti. Kartais kokį darbelį galima atidėti ir vėlesniam laikui. Bet jeigu duosi valią baobabams, ištiks katastrofa. Žinojau vieną planetą, kurioje gyveno tinginys. Jis neišrovė trijų krūmų...

Mažasis princas man viską paaiškino, ir aš nupiešiau tą planetą. Aš visai nemėgstu pamokslauti. Bet apie baobabų keliamą pavojų tiek mažai žinoma, o pavojus pasiklysti asteroide toks didelis, kad šįkart pamiršiu santūrumą. Taigi sakau: „Vaikai, saugokitės baobabų!“ Aš tiek plušau prie šio piešinio – norėjau įspėti savo draugus apie pavojų, kuris jų, kaip ir manęs, jau seniai tykojo, tik apie jį jie nieko nežinojo. Pamoka buvo verta įdėto vargo. Bet jūs veikiausiai paklausite: kodėl gi šioje knygelėje nėra daugiau tokių įspūdingų piešinių kaip šis, vaizduojantis baobabus? Atsakysiu labai paprastai: aš stengiausi, bet man nepavyko. O piešiant baobabus mane įkvėpė jausmas, kad tai nepaprastai skubu.

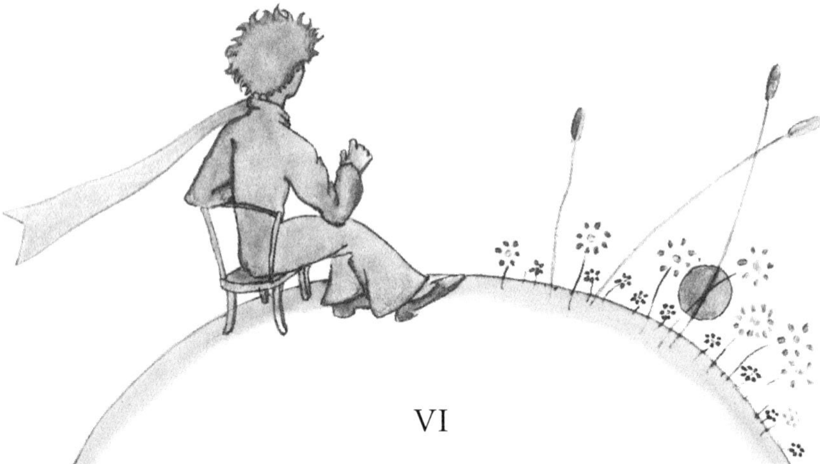

VI

Ak, mažasis prince! Pamažu aš supratau, koks liūdnas tavo mažutis gyvenimas. Ilgą laiką tu teturėjai vieną pramogą ir malonumą: stebėti saulėlydžius. Šią naują smulkmeną sužinojau ketvirtosios dienos rytą, kai pasakei:

– Man patinka saulėlydžiai. Eime pažiūrėti saulėlydžio...

– Bet reikia palaukti...

– Ko palaukti?

– Palaukti, kol leisis saulė.

Iš pradžių atrodei labai nustebęs, paskui nusijuokei iš savęs ir tarei:

– Man vis atrodo, kad aš namie!

Iš tikrųjų. Kai Jungtinėse Valstijose vidurdienis, Prancūzijoje – tai žino visi – leidžiasi saulė. Tiesiog reikėtų per minutę nukeliauti į Prancūziją ir pasigrožėti saulėlydžiu. Deja, Prancūzija labai toli. Tačiau tavo mažojoje planetoje užtekdavo patraukti kėdę keletą žingsnių. Ir tu galėjai stebėti sutemas kaskart, kai tik panorėdavai...

– Vieną dieną mačiau leidžiantis saulę keturiasdešimt keturis kartus!

O po valandėlės pridūrei:

– Žinai... kai tau labai liūdna, gera žiūrėti į saulėlydžius...

– Ar tądien, kai matei keturiasdešimt keturis saulėlydžius, tau buvo labai liūdna?

Bet mažasis princas neatsakė.

VII

Penktąją dieną – ir vėl padėjo avelė – man buvo atskleista mažojo princo gyvenimo paslaptis. Staiga, tarsi būtų priėjęs prie išvados po ilgų tylių apmąstymų, jis manęs tiesiai paklausė:

– Jeigu avelė ėda krūmus, vadinasi, ėda ir gėles?

– Avelė ėda viską, ką randa.

– Net gėles su dygliais?

– Taip. Net gėles su dygliais.

– Tada kam reikalingi dygliai?

Aš nežinojau. Buvau labai užsiėmęs: stengiausi atsukti variklyje užsiveržusį varžtą. Labai krimtausi, nes gedimas ėmė atrodyti labai didelis, o kadangi geriamasis vanduo beveik baigėsi, baiminausi paties blogiausio.

– O kam reikalingi dygliai?

Mažasis princas niekada neužmiršdavo ko klausęs. Buvau susinervinęs dėl varžto ir atsakiau, kas užėjo ant liežuvio:

– Dygliai visiškai nereikalingi, gėlės juos išleidžia tiesiog iš pykčio!

– Oho!

Tačiau valandėlę patylėjęs jis beveik su apmaudu atsikirto:

– Aš netikiu tavim! Gėlės silpnos. Jos naivios. Ir drąsinasi, kaip tik išmano. Jos įsivaizduoja, kad su dygliais atrodo baisios...

Aš nieko neatsakiau. Tą akimirką sau kartojau: „Jei neatsuksiu šio varžto, išmušiu jį plaktuku“. Mažasis princas ir vėl pertraukė mano mintis:

– Tai tu iš tikrųjų manai, kad gėlės...

– Ne! Ne! Aš nieko nemanau! Atsakiau, kas šovė į galvą. Matai, aš užsiėmęs rimtais dalykais!

Jis pažvelgė į mane nustebęs.

– Rimtais dalykais!

Žiūrėjo į mane su plaktuku rankoje, variklio alyva ištepliotais pirštais, palinkusį prie kažkokio daikto, kuris jam atrodė labai bjaurus.

– Kalbi kaip suaugusieji!

Aš truputį susigėdau. Bet jis negailestingai pridūrė:

– Tu viską maišai... viską painioji!

Jis iš tikrųjų smarkiai įširdo. Purtė galvą, ir vėjas draikė auksines jo garbanas.

– Aš žinau vieną planetą, kur gyvena ponas raudonu veidu. Jis niekad neuostė gėlės. Jis niekad nepažvelgė į žvaigždę. Jis niekad nieko nemylėjo. Jis niekad nieko neveikė, tik skaičiavo. Jis, kaip ir tu, visą dieną kartoja: „Aš rimtas žmogus! Aš rimtas žmogus!“ – ir vaikšto pasipūtęs it kalakutas. Bet jis ne žmogus, jis grybas!

– Kas?

– Grybas!

Mažasis princas taip supyko, kad net visas išbalo.

– Milijonus metų gėlės augina dyglius. Ir milijonus metų avelės vis tiek ėda gėles. Tad argi nerimta bandyti suprasti, kodėl jos taip stengiasi išsiauginti dyglius, kurie niekam nereikalingi? Argi tau neatrodo svarbus avių ir gėlių karas? Argi tai ne rimčiau ir ne svarbiau už storo pono raudonu veidu aritmetiką? Ir jei aš pažįstu vienintelę gėlę pasaulyje, kuri auga tik mano planetoje ir kurią vieną rytą staiga gali sušlemšti avelė, net nesuvokdama ką daro, – argi tai nesvarbu?

Jis išraudo, paskui kalbėjo toliau:

– Jei kažkas myli gėlę, vienintelę gėlę, augančią tik vienoje iš daugybės milijonų planetų, jis jaučiasi laimingas ir jam daugiau nieko nereikia. Jis žiūri į žvaigždes ir sako: „Kažkurioje jų gyvena mano gėlė..." Tačiau jei avelė suės gėlę, jam atrodys, kad staiga užgeso visos žvaigždės! O tu manai, kad tai nesvarbu!

Jis neįstengė pasakyti nieko daugiau, nes ūmai pratrūko raudoti. Sutemo. Aš numečiau įrankius. Man jau neberūpėjo nei plaktukas, nei varžtas, nei troškulys ar mirtis. Vienoje žvaigždėje, planetoje, mano planetoje, vardu Žemė, raudojo mažasis princas ir jį reikėjo paguosti! Paėmiau jį ant rankų. Ėmiau sūpuoti. Guodžiau jį: „Tavo mylimai gėlei negresia joks pavojus... Aš nupiešiu tavo avelei antsnukį... Aš nupiešiu tavo gėlei šarvus... Aš..." Nežinojau, ką dar jam pasakyti. Jaučiausi tikras stuobrys. Nežinojau, kaip jį pasiekti, kaip jį pasivyti... Juk ašarų šalis tokia paslaptinga!

VIII

Labai greitai išmokau geriau pažinti tą gėlę. Mažojo princo planetoje visada augo labai paprastos gėlės, tik su viena žiedlapių eilute, jos neužėmė daug vietos ir niekam netrukdė. Išsiskleisdavo rytą žolėje, o vakare nuvysdavo. Bet vieną dieną iš sėklos, atpūstos iš nežinia kur, išaugo nauja gėlė, ir mažasis princas nenuleido akių nuo daigelio, nė kiek nepanašaus į kitus daigelius. Juk tai galėjo būti nauja baobabų rūšis. Bet augalėlis greitai liovėsi stiebęsis aukštyn ir ėmė krauti žiedą. Mažasis princas, stebėdamas, kaip brinksta didžiulis pumpuras, nujautė, kad iš jo išeis kažkas stebuklinga. Tačiau gėlė vis puošėsi užsidariusi žaliame kambarėlyje, vis rinkosi spalvas. Ji rengėsi lėtai, pamažu derino savo žiedlapius. Nenorėjo pasirodyti visa susiglamžiusi, tarsi kokia aguona. Norėjo pasirodyti tik tada, kai visiškai suspindės jos grožis.

O taip! Ji buvo tikra koketė! Paslaptingas pasirengimas truko dienų dienas. Pagaliau vieną rytą, per patį saulės tekėjimą, ji išsiskleidė. Ir toji gražuolė, kuri taip triūsė, nusižiovavo:

– Ak, aš dar ne visai išsibudinusi... Prašau man atleisti... Aš dar visa susivėlusi...

Bet mažasis princas neįstengė sulaikyti susižavėjimo ir sušuko:

– Kokia jūs graži!

– Tikrai? – tyliai atitarė gėlė. – Ir gimiau kartu su saule...

Mažasis princas, žinoma, suprato, kad gėlė nelabai kukli, bet ji buvo tokia žavi!

– Manau, metas pusryčiauti, – netrukus pridūrė ji. – Gal malonėsite pagalvoti ir apie mane?..

Ir mažasis princas, visiškai sutrikęs, susirado laistytuvą ir palaistė gėlę.

Gėlė labai greitai nukamavo princą savo aikštinga tuštybe. Pavyzdžiui, vieną dieną kalbėdama apie savo keturis dyglius, ji mažajam princui tarė:

– Tegu ateina tigrai su savo nagais!

– Mano planetoje nėra tigrų, – paprieštaravo mažasis princas. – Be to, tigrai neėda žolės.

– Aš ne žolė, – tyliai atsakė gėlė.

– Atleiskite man...

– Aš nebijau tigrų, bet siaubingai nekenčiu skersvėjų. Ar jūs kartais neturėtumėte kokios pertvaros?

„Ji siaubingai bijo skersvėjų, – pagalvojo princas, – o augalui tai tikra nelaimė. Ši gėlė iš tiesų labai opi...

– Vakare uždengsite mane stikliniu gaubtu. Čia pas jus labai šalta. Ir labai nepatogu. Ten, iš kur aš atvykau...

Tačiau ji nebaigė sakinio. Juk ji atsirado čia kaip sėkla ir nieko negalėjo žinoti apie kitus pasaulius. Susigėdusi, kad buvo užklupta pradedanti taip naiviai meluoti, porą kartų kostelėjo, kad mažasis princas pasijustų kaltas.

– O pertvara?

– Norėjau eiti jos atnešti, bet jūs kalbėjotės su manimi!

Tada ji sukosėjo smarkiau: tegu jį pagraužia sąžinė!

Nors mažasis princas ir nuoširdžiai pamilo gėlę, greitai ėmė ja abejoti. Į tuščius žodžius jis pažiūrėjo rimtai ir tapo labai nelaimingas.

– Nereikėjo jos klausyti, – prisipažino jis man vieną dieną. Niekad nereikia klausyti, ką kalba gėlės. Į jas tiesiog reikia žiūrėti ir mėgautis jų kvapu. Mano gėlė iškvepino visą planetą, bet aš nemokėjau ja džiaugtis. Tos kalbos apie tigrus ir nagus turėjo mane sugraudinti, bet aš tik susierzinau...

Ir jis dar prisipažino:

– Tada aš neįstengiau nieko suprasti! Turėjau ją vertinti ne pagal žodžius, o pagal darbus. Ji dovanojo man savo aromatą ir spindesį. Man nereikėjo bėgti nuo jos! Už tų apgailėtinų jos gudrybių turėjau įžvelgti slepiamą švelnumą. Gėlės tokios prieštaringos! Bet aš buvau per jaunas ir nemokėjau jos mylėti.

IX

Manau, kad pabėgti jam padėjo išskrendantys laukiniai paukščiai. Išvykimo dieną jis kruopščiai apsišvarino savo planetoje. Rūpestingai išvalė veikiančius ugnikalnius. Jis turėjo du veikiančius ugnikalnius. Ant jų buvo labai patogu ryte pasišildyti pusrytį. Be to, dar turėjo vieną užgesusį ugnikalnį. „Bet ką gali žinoti“, – sakydavo jis. Tad išvalė ir užgesusį ugnikalnį. Jei ugnikalnį gerai išvalai, jis dega ramiai, vienodai ir niekad neišsiveržia. Išsiveržęs ugnikalnis liepsnoja kaip židinys. Žinoma, savo Žemėje mes esame per maži, kad galėtume išsivalyti ugnikalnius. Todėl jie mums suteikia labai daug rūpesčių.

Mažasis princas – truputį gailėdamasis – taip pat išrovė paskutinius baobabų daigus. Jis manė niekad čia negrįšiąs. Tačiau tą rytą visi tie įprasti darbai jam pasirodė nepaprastai mieli. Ir kai paskutinį kartą palaistė gėlę ir ketino ją pavožti po gaubtu, pajuto, kad akyse jam tvenkiasi ašaros.

– Sudie, – tarė jis gėlei.

Bet ji neatsakė.

– Sudie, – pakartojo jis.

Gėlė kostelėjo. Tačiau ne dėl slogos.

– Aš elgiausi kvailai, – pagaliau tarė ji. – Prašau man atleisti. Pasistenk būti laimingas.

Jis rūpestingai išvalė veikiančius
ugnikalnius

Jis nustebo neišgirdęs priekaištų. Tiesiog stovėjo sutrikęs su stikliniu gaubtu rankoje. Tokio romaus švelnumo jis nesuprato.

– Žinoma, aš tave myliu, – tarė gėlė. – Aš kalta, kad tu to nežinojai. Nesvarbu. Tačiau tu buvai toks pat kvailas kaip ir aš. Pasistenk būti laimingas... Ir padėk šį gaubtą, man daugiau jo nereikia.

– Bet vėjas...

– Ne tokia aš jau ir peršalus... Gaivus nakties oras man bus į naudą. Juk aš gėlė.

– Bet visokie gyvūnai...

– Turiu pakęsti vieną kitą vikšriuką, jei noriu susipažinti su drugeliais. Regis, jie nepaprastai gražūs. Antraip kas gi mane aplankys? Tu juk būsi toli. O didelių gyvūnų aš nebijau. Aš turiu nagus.

Ir ji, naivi kaip visada, parodė savo keturis dyglius. Paskui pridūrė:

– Nestoviniuok čia, tai nervina. Jei nusprendei iškeliauti, keliauk.

Ji nenorėjo, kad jis matytų ją verkiančią. Tai buvo labai išdidi gėlė...

X

Arčiausiai prie mažojo princo planetos buvo asteroidai 325, 326, 327, 328, 329 ir 330. Tad jis pirmiausia aplankė juos – juk reikėjo rasti ką veikti, be to, kai ko ir pasimokyti.

Pirmajame asteroide gyveno karalius. Apsirengęs purpuru ir šermuonėlių kailiais, jis sėdėjo soste – labai paprastame ir sykiu didingame.

– Na štai ir valdinys! – sušuko karalius, išvydęs mažąjį princą.

O mažasis princas nusistebėjo: „Kaip jis mane pažino, jei niekad anksčiau manęs nėra matęs?“

Jis nežinojo, kad karaliai žiūri į pasaulį labai paprastai. Jiems visi žmonės – valdiniai.

– Nagi, prieik arčiau, kad geriau tave matyčiau, – paliepė karalius, labai išdidus, kad gali būti kam nors karalius.

Mažasis princas akimis apieškojo kur atsisėsti, tačiau visą planetą buvo užklojusi nuostabi šermuonėlių mantija. Tad liko stovėti, o kadangi buvo pavargęs, nusižiovavo.

– Etiketas neleidžia žiovauti karaliaus akivaizdoje, – tarė monarchas. – Aš tau draudžiu žiovauti.

– Kad negaliu susilaikyti, – sumišęs atsakė mažasis princas. – Ilgai keliavau ir visai nemiegojau...

– Tada, – paliepė karalius, – aš tau įsakau žiovauti. Jau daugelį metų nemačiau nieko žiovaujant. Žiovavimas man įdomybė. Na, dar nusižiovauk. Tai įsakymas.

– Kad aš nedrįstu... nebegaliu... – atsakė mažasis princas rausdamas.

– Hm... hm. Tada... – tarė karalius, – aš įsakau tau kartais žiovauti, kartais...

Karalius truputį susipainiojo ir atrodė įsižeidęs.

Juk karaliui svarbiausia – kad būtų gerbiamas jo autoritetas. Jis nepakentė neklusnumo. Jis buvo absoliutus monarchas. Tačiau labai geras, todėl duodavo protingus įsakymus.

„Jei aš įsakyčiau, – mėgdavo jis kartoti, – jei aš įsakyčiau kokiam nors generolui pavirsti jūros paukščiu ir jei generolas nepaklustų, būčiau kaltas aš, o ne generolas.

– Ar aš galiu atsisėsti? – nedrąsiai paklausė mažasis princas.

– Aš tau įsakau sėstis, – atsakė karalius ir patraukė vieną šermuonėlių mantijos skverną.

Tačiau mažasis princas nesiliovė stebėjęsis. Planeta juk tokia maža. Kam gi karalius viešpatauja?

– Jūsų Didenybe... – tarė jis, – prašau man atleisti, bet noriu jūsų paklausti...

– Aš tau įsakau manęs paklausti, – greitai atšovė karalius.

– Jūsų Didenybe... Kam jūs viešpataujate?

– Viskam, – labai paprastai atsakė karalius.

– Viskam?

Karalius santūriu mostu parodė į savo planetą, į kitas planetas ir žvaigždes.

– Viskam? – paklausė mažasis princas.

– Viskam... – atsakė karalius.

Mat jis buvo ne tik absoliutus monarchas, bet ir viso pasaulio valdovas.

– Tai jums paklūsta ir žvaigždės?

– Žinoma, – atsakė karalius. – Jos paklūsta akimirksniu. Aš nepakenčiu neklusnumo.

Mažąjį princą tokia galia tiesiog pakerėjo. Jei jis būtų toks galingas, grožėtųsi saulėlydžiu ne keturiasdešimt keturis kartus per dieną, o septyniasdešimt du, o gal net šimtą ar du šimtus kartų, ir jam net nereikėtų stumdyti iš vienos vietos į kitą savo kėdės! Tą akimirką prisiminus savo paliktą mažąją planetą jam sugrudo širdis, todėl sukaupęs drąsą paprašė karalių malonės:

– Aš norėčiau pažiūrėti į saulėlydį... Suteikite man malonumą... Įsakykite saulei leistis...

– Jeigu aš įsakysiu kokiam generolui skraidyti nuo vieno žiedo prie kito kaip drugeliui ar parašyti tragediją, ar pasiversti jūros paukščiu ir jeigu generolas neįvykdys mano įsakymo, tada katras iš mudviejų bus kaltas – jis ar aš?

– Jūs, – tvirtai atsakė princas.

– Teisybė, – pritarė jam karalius. – Kiekvieną reikia prašyti to, ką jis gali duoti. Valdžia pirmiausia turi būti protinga. Jei įsakysi savo liaudžiai pulti į jūrą, ji sukels revoliuciją. Aš turiu teisę reikalauti klusnumo, nes mano įsakymai protingi.

– O kaip mano saulėlydis? – priminė mažasis princas, kuris niekad nepamiršdavo ko klausęs.

– Tu gausi savo saulėlydį. Aš pareikalausiu jo. Tačiau remdamasis valdymo mokslo principais palauksiu palankių sąlygų.

– O kada tai bus? – pasiteiravo mažasis princas.

– Hm, hm, – numykė karalius, žiūrėdamas į didžiulį kalendorių. – Hm, hm... Tai bus apie... apie... šį vakarą saulė leisis be dvidešimt minučių aštuntą. Ir tu įsitikinsi, kaip tiksliai vykdomi mano įsakymai.

Mažasis princas nusižiovavo. Jam buvo gaila praleisto saulėlydžio. Be to, ėmė darytis truputį nuobodu.

– Aš čia daugiau neturiu ką veikti, – tarė jis karaliui. – Keliausiu toliau!

– Pasilik! – paprašė karalius, kuris labai didžiavosi turėdamas valdinį. – Pasilik, aš paskirsiu tave ministru!

– Kieno ministru?

– Na... teisingumo!

– Bet čia nėra ko teisti!

– To mes nežinome, – atsakė karalius. – Aš dar neapėjau visos savo karalystės. Esu labai senas, vaikščiodamas nuvargstu, o karietai čia nėra vietos.

– Užtat aš jau ją apžiūrėjau, – tarė mažasis princas, pasilenkęs ir pažvelgęs dar į kitą planetos pusę. – Ten irgi nieko nėra...

– Tada tu teisi pats save, – pasakė karalius. – Tai kur kas sunkiau. Daug sunkiau teisti save nei teisti kitus. Jei tau pavyks teisingai nuteisti save, vadinasi, tu iš tikrųjų labai išmintingas.

– Aš, – tarė mažasis princas, – galiu teisti save bet kur. Man nebūtina čia gyventi.

– Hm, hm... – numykė karalius. – Man regis, kažkur mano planetoje gyvena sena žiurkė. Girdžiu, kaip ji nakčia skrebena. Galėsi nuteisti tą seną žiurkę. Kartais nuteisi ją myriop. Tada jos gyvenimas priklausys nuo tavo teisingumo. Tačiau kaskart tu jai suteiksi malonę. Reikia saugoti žiurkę, juk turime tik ją vieną.

– Aš, – atsakė mažasis princas, – nemėgstu teisti myriop, be to, atrodo, man metas eiti.

– Ne, – tarė karalius.

Tačiau, jau susirengęs į kelionę, mažasis princas nenorėjo skaudinti senojo monarcho.

– Jeigu Jūsų Didenybė pageidauja, kad aš iškart paklusčiau, Ji turėtų duoti man protingą įsakymą. Pavyzdžiui, Ji galėtų man įsakyti išvykti greičiau nei per minutę. Man regis, sąlygos visai palankios...

Karalius nieko neatsakė, ir mažasis princas, valandėlę dvejojęs, atsiduso ir leidosi į kelią...

– Skiriu tave ambasadoriumi, – paskubom šūktelėjo karalius.

Ir atrodė be galo valdingas.

„Suaugusieji labai keisti“, – keliaudamas toliau, tyliai mąstė mažasis princas.

XI

Antrojoje planetoje gyveno garbėtroška.

– Aha, štai ateina mano gerbėjas! – sušuko garbėtroška jau iš tolo, vos tik pamatęs mažąjį princą.

Juk garbėtroškos mano, kad visi kiti žmonės jais tiesiog žavisi.

– Laba diena, – pasisveikino mažasis princas. – Kokia juokinga jūsų skrybėlė!

– Ji skirta sveikintis, – atsakė garbėtroška. – Aš pakeliu ją, kai žmonės mane sveikina. Deja, čia niekas niekad neužsuka.

– Tikrai? – nusistebėjo mažasis princas nieko nesupratęs.

– Paplok delnais, – paprašė garbėtroška.

Mažasis princas paplojo delnais. Garbėtroška santūriai pasveikino jį kilstelėdamas skrybėlę.

„Čia linksmiau nei karaliaus planetoje“, – pamanė mažasis princas. Ir vėl ėmė pliaukšėti delnais, o garbėtroška – sveikintis kilnodamas skrybėlę.

Penkias minutes papliaukšėjus delnais, mažajam princui nusibodo šis žaidimas.

– O ką reikia daryti, kad skrybėlė nukristų? – paklausė jis.

Tačiau garbėtroška jo neišgirdo. Garbėtroškos girdi tik liaupses.

– Ar tu iš tikrųjų manimi žaviesi? – paklausė jis mažojo princo.

– Ką reiškia „žavėtis“?

– „Žavėtis“ reiškia, kad tu laikai mane gražiausiu, geriausiai apsirengusiu, turtingiausiu ir protingiausiu žmogumi planetoje.

– Bet tavo planetoje daugiau nieko nėra!

– Suteik man malonumą. Vis tiek žavėkis manimi!

– Aš žaviuosi tavimi, – tarė mažasis princas, vos vos gūžtelėdamas pečiais, – bet kas tau iš to?

Ir mažasis princas jį paliko.

„Tie suaugusieji iš tikrųjų labai keisti“, – naiviai pagalvojo jis, vėl leisdamasis į kelią.

XII

Kitoje planetoje gyveno girtuoklis. Mažasis princas viešėjo pas jį labai trumpai, bet ši viešnagė jį be galo nuliūdino.

– Ką tu čia veiki? – paklausė jis girtuoklio, kurį išvydo sėdintį prieš ištisą virtinę butelių – tuščių ir pilnų.

– Geriu, – niūriai atsakė girtuoklis.

– Kodėl tu geri? – paklausė mažasis princas.

– Kad užmirščiau, – atsakė girtuoklis.

– Ką užmirštum? – paklausė mažasis princas, kuriam jau buvo jo gaila.

– Kad užmirščiau, jog man gėda, – prisipažino girtuoklis, nuleisdamas galvą.

– Ko gėda? – pasiteiravo mažasis princas, kuris norėjo jam padėti.

– Gėda gerti! – nukirto girtuoklis ir galutinai nutilo.

Ir suglumęs mažasis princas jį paliko.

„Suaugusieji iš tikrųjų labai labai keisti“, – tyliai mąstė jis, keliaudamas toliau.

XIII

Ketvirtoji planeta priklausė verslininkui. Jis buvo taip užsiėmęs, kad priėjus mažajam princui net nepakėlė galvos.

– Laba diena, – pasisveikino mažasis princas. – Jūsų cigaretė užgesusi.

– Trys ir du – penki. Penki ir septyni – dvylika. Dvylika ir trys – penkiolika. Penkiolika ir septyni – dvidešimt du. Dvidešimt du ir šeši – dvidešimt

aštuoni. Neturiu kada jos užsidegti. Dvidešimt šeši ir penki – trisdešimt vienas. Ok! Taigi iš viso – penki šimtai vienas milijonas šeši šimtai dvidešimt du tūkstančiai septyni šimtai trisdešimt vienas.

– Penki šimtai milijonų ko?

– Kaip? Tu dar čia? Penki šimtai vienas milijonas... Nebeprisimenu... Turiu tiek darbo! Aš rimtas žmogus, neleidžiu laiko plepalams! Du ir penki – septyni...

– Penki šimtai vienas milijonas ko? – pakartojo mažasis princas, kuris niekada gyvenime nepamiršdavo ko klausęs.

Verslininkas pakėlė galvą:

– Jau penkiasdešimt ketverius metus gyvenu šioje planetoje ir buvau sutrukdytas tik tris kartus. Pirmą kartą, prieš dvidešimt dvejus metus, pas mane dievaižin iš kur atskrido karkvabalis. Jis kėlė siaubingą triukšmą, ir tada aš padariau keturias sudėties klaidas. Antrąkart, prieš vienuolika metų, mane buvo ištikęs reumato priepuolis. Aš mažai mankštinuosi. Neturiu kada tinginiauti. Aš rimtas žmogus. Trečią kartą... štai dabar! Regis, sakiau penki šimtai vienas milijonas...

– Milijonas ko?

Pagaliau supratęs, kad mažylis neatstos nuo jo, verslininkas atsakė:

– Milijonas tų daikčiukų, kuriuos mes kartais matome danguje.

– Musių?

– Ne musių. Mažų spindinčių daikčiukų.

– Bičių?

– Ne bičių. Mažų sidabrinių daikčiukų, žadinančių dykaduoniams svajones. Bet aš rimtas žmogus! Aš neturiu kada tuščiai svajoti.

– A, žvaigždžių?

– Na, taip. Žvaigždžių.

– O ką tu veiki su tais penkiais šimtais milijonų žvaigždžių?

– Penki šimtai vienas milijonas šeši šimtai trisdešimt viena. Aš rimtas žmogus, mėgstu tikslumą.

– Ir ką tu veiki su tomis žvaigždėmis?

– Ką aš veikiu su jomis?

– Taip.

– Nieko. Aš jas turiu.

– Tu turi žvaigždes?

– Taip.

– Bet aš jau mačiau karalių, kuris...

– Karaliai nieko neturi. Jie tik kam nors „viešpatauja“. Tai visai kas kita.

– O kas tau iš to, kad turi žvaigždes?

– Esu turtingas.

– O kas tau iš to, kad esi turtingas?

– Galiu nusipirkti kitų žvaigždžių, jeigu kas nors jų atranda.

„Šitas vyras, – tyliai pagalvojo mažasis princas, – samprotauja beveik kaip mano girtuoklis“.

Tačiau klausinėjo toliau:

– Kaip galima turėti žvaigždes?

– O jos kieno? – suirzęs atsikirto verslininkas.

– Nežinau. Niekieno.

– Vadinasi, jos mano, nes aš pirmas pagalvojau apie jas.

– Ir to užtenka?

– Žinoma. Kai randi deimantą, kuris niekam nepriklauso, – jis tavo. Kai atrandi salą, kuri niekam nepriklauso, – ji tavo. Kai tau pirmam kyla kokia nors idėja, tu ją užpatentuoji, ir ji tavo. O aš turiu žvaigždes, nes niekam prieš mane nebuvo šovusi mintis jas turėti.

– Čia tai jau teisybė, – sutiko mažasis princas. – Ir ką tu su jomis veiki?

– Valdau. Skaičiuoju ir perskaičiuoju jas, – paaiškino verslininkas. – Tai nelengva. Bet aš rimtas žmogus!

Mažasis princas dar nebuvo patenkintas.

– Jei aš turiu šaliką, galiu apsivynioti juo kaklą ir pasiimti kur noriu. Jei turiu gėlę, galiu ją nuskinti ir nusinešti. Bet tu negali nusiskinti žvaigždžių!

– Ne, bet galiu jas padėti į banką.

– O ką tai reiškia?

– Tai reiškia, kad aš parašau popieriuje, kiek turiu žvaigždžių. Tada tą popierių padedu į stalčių ir užrakinu.

– Ir viskas?

– Bet to užtenka!

„Įdomu, – pagalvojo mažasis princas. – Gana poetiška. Bet nelabai rimta“.

Mažasis princas apie rimtus dalykus turėjo savo nuomonę, kuri labai skyrėsi nuo suaugusiųjų nuomonės.

– Aš turiu gėlę, – tarė jis, – ir kasdien ją laistau. Aš turiu tris ugnikalnius, kuriuos valau kiekvieną savaitę. Taip pat išvalau ir užgesusį ugnikalnį. Juk niekad nežinai, kas gali atsitikti. Mano ugnikalniams ir gėlei naudinga, kad aš juos turiu. O žvaigždėms iš tavęs jokios naudos...

Verslininkas prasižiojo, bet neturėjo ką atsakyti, ir mažasis princas jį paliko.

„Tie suaugusieji tikrai labai savotiški“, – tyliai mąstė jis, keliaudamas savo keliu.

XIV

Penktoji planeta buvo labai įdomi, nes visų mažiausia. Joje užteko vietos tik žibintui ir žibintininkui. Mažasis princas niekaip neįstengė suprasti, kam reikalingas žibintas ir žibintininkas kažkur danguje, planetoje, kurioje nėra nei namų, nei gyventojų. Tačiau jis tyliai pagalvojo:

„Galbūt šis žmogus juokingas, bet ne toks juokingas kaip karalius, garbėtroška, verslininkas ir girtuoklis. Jo darbas bent jau turi prasmę. Kai jis uždega savo žibintą, tarsi gimsta dar viena žvaigždė ar gėlė. O kai žibintą užgesina, tą žvaigždę ar gėlę užmigdo. Jo darbas labai gražus. Ir tikrai naudingas, nes gražus“.

Nusileidęs ant šios planetos, jis pagarbiai pasisveikino su žibintininku:

– Laba diena. Kodėl tu dabar užgesinai savo žibintą?

– Toks nurodymas, – atsakė žibintininkas. – Labas rytas.

– O kas yra įsakymas?

– Įsakymas gesinti žibintą. Labas vakaras.

Ir vėl uždegė žibintą.

– Kodėl tu jį vėl uždegei?

– Toks įsakymas, – atsakė žibintininkas.

– Nieko nesuprantu, – tarė mažasis princas.

– Nėra čia ko suprasti, – pasakė žibintininkas. – Įsakymas yra įsakymas. Labas rytas.

Ir vėl užgesino žibintą.

Paskui raudona languota nosine nusišluostė prakaitą nuo kaktos.

– Mano darbas siaubingas. Kadaise jis turėjo prasmę. Gesindavau žibintą ryte ir uždegdavau vakare. Dalį dienos ilsėdavausi, o dalį nakties miegodavau...

– O paskui nurodymas pasikeitė?

– Nurodymas nepasikeitė, – tarė žibintininkas. – Ir tai tragedija! Metai po metų planeta sukasi vis greičiau ir greičiau, o nurodymas nepasikeitė!

– Na ir kas? – paklausė mažasis princas.

– Ogi tas, kad ji dabar apsisuka per minutę ir aš nebeturiu nė sekundės poilsio. Uždegu ir užgesinu jį kartą per minutę!

„Mano darbas siaubingas“

– Kaip juokinga! Tavo planetoje diena trunka tik vieną minutę!

– Visai nejuokinga, – pasakė žibintininkas. – Mudu jau kalbamės visą mėnesį.

– Mėnesį?

– Taip. Trisdešimt minučių. Trisdešimt dienų! Labas vakaras.

Ir jis vėl uždegė žibintą.

Mažasis princas pažvelgė į žibintininką, ir jam patiko tas žmogus, ištikimai vykdantis nurodymą. Jis prisiminė, kaip kadaise pats perkėlinėjo kėdę iš vienos vietos į kitą, kad tik galėtų pamatyti saulėlydį. Ir jis panoro padėti draugui.

– Klausyk... aš žinau, kaip galėtum ilsėtis kada tik nori...

– Aš visada noriu ilsėtis, – atsakė žibintininkas.

Mat žmogus gali būti sykiu ir ištikimas, ir tingus.

Mažasis princas kalbėjo toliau:

– Tavo planeta tokia mažuliukė, kad gali ją apeiti trimis žingsniais. Tau tereikia eiti ganėtinai lėtai, kad visąlaik liktum saulėje. Kai užsimanysi pailsėti, eisi, eisi... ir diena truks tiek laiko, kiek panorėsi.

– Na, iš to man menka nauda, – tarė žibintininkas. – Gyvenime aš labiausiai mėgstu miegoti.

– Tada tavo reikalai nekokie, – tarė mažasis princas.

– Nekokie, – pritarė jam žibintininkas. – Labas rytas.

Ir užgesino žibintą.

„Šį žmogų, – keliaudamas toliau pagalvojo mažasis princas, – niekintų visi kiti – ir karalius, ir garbėtroška, ir girtuoklis, ir verslininkas. Ir vis dėlto jis vienintelis neatrodo man juokingas. Gal todėl, kad jam rūpi ne tik jis pats“.

Jis apgailestaudamas atsiduso ir vėl pagalvojo:

„Šis žmogus vienintelis, su kuriuo aš norėčiau draugauti. Bet jo planeta tikrai per maža. Dviem joje nėra vietos“.

Mažasis princas nedrįso prisipažinti, kad jam gaila palikti šią palaimintą planetą dar ir todėl, jog per parą joje gali pamatyti tūkstantį keturis šimtus keturiasdešimt saulėlydžių!

XV

Šeštoji planeta buvo dešimt kartų didesnė. Joje gyveno senas ponas, kuris rašė labai storas knygas.

– Žiūrėk! Štai ir tyrinėtojas! – sušuko jis, pamatęs mažąjį princą.

Mažasis princas atsisėdo ant stalo norėdamas kiek atsipūsti. Juk jis taip ilgai keliavo!

– Iš kur tu? – paklausė jo senasis ponas.

– Kokia čia stora knyga? – pasidomėjo mažasis princas. – Ką jūs čia veikiate?

– Aš geografas, – atsakė senasis ponas.

– O kas yra geografas?

– Mokslininkas, žinantis, kur yra jūros, upės, miestai, kalnai ir dykumos.

– Labai įdomu, – tarė mažasis princas. – Štai pagaliau tikra profesija!

Ir jis greitai žvilgsniu apmetė geografo planetą. Tokios didingos planetos dar niekad nebuvo matęs.

– Jūsų planeta labai graži. Ar joje yra vandenynų?

– Šito aš nežinau, – atsakė geografas.

– Ak... – Mažasis princas jautėsi nusivylęs. – O kalnų?

– Šito aš nežinau, – atsakė geografas.

– O miestų, upių ir dykumų?

– Šito aš irgi nežinau, – tarė geografas.

– Bet juk jūs geografas!

– Teisybė, – patvirtino senasis geografas. – Aš esu geografas, bet ne tyrinėtojas. Savo planetoje aš visiškai neturiu tyrinėtojų. Ne geografo uždavinys skaičiuoti miestus, upes, kalnus, jūras, vandenynus ir dykumas. Geografas – pernelyg svarbus asmuo, jam nėra kada bastytis. Jis niekad neišeina iš savo kabineto. Bet priima tyrinėtojus ir užrašo jų prisiminimus. Ir jeigu bent vieno tyrinėtojo prisiminimai jam pasirodo įdomūs, geografas liepia surinkti informaciją apie tyrinėtojo moralę.

– Kodėl?

– Jeigu tyrinėtojas imtų meluoti, geografijos vadovėliuose viską neatitaisomai supainiotų. Jeigu tyrinėtojas per daug išgertų – irgi būtų blogai.

– Kodėl? – paklausė mažasis princas.

– Dėl to, kad girtuokliams dvejinasi akyse. Girtas geografas vietoje vieno kalno visur pažymėtų du.

– Pažįstu vieną žmogų, – tarė mažasis princas, – kuris būtų blogas tyrinėtojas.

– Galimas daiktas. Kai paaiškėja, kad tyrinėtojas – padorus žmogus, tada surenkama informacija apie jo atradimą.

– Kas nors vyksta jo patikrinti?

– Ne. Tai pernelyg sudėtinga. Bet iš tyrinėtojo pareikalaujama įrodymų. Jeigu jis, pavyzdžiui, atrado didelį kalną, tegu atneša nuo jo didelių akmenų.

Staiga geografas susijaudino.

– Bet tu irgi atkeliavai iš toli! Tu irgi tyrinėtojas! Papasakok man apie savo planetą!

Geografas atsivertė įrašų žurnalą ir pasismailino pieštuką. Tyrinėtojų pasakojimai pirmiausia užrašomi pieštuku. Informacija perrašoma rašalu tik tada, kai tyrinėtojas pateikia įrodymus.

– Na? – paklausė geografas.

– Na, ten, kur aš gyvenu, – pradėjo mažasis princas, – nelabai įdomu, nes viskas maža. Turiu tris ugnikalnius. Du veikiančius ir vieną užgesusį. Bet ką gali žinoti.

– Ką gali žinoti, – pritarė geografas.

– Ir dar turiu gėlę.

– Gėlių mes neįrašome, – tarė geografas.

– Kodėl? Juk jos visų gražiausios!

– Dėl to, kad gėlės efemeriškos.

– Ką reiškia „efemeriškos“?

– Geografijos knygos – pačios rimčiausios knygos pasaulyje, – paaiškino geografas. – Jos niekad nepasensta. Kalnas labai retai keičia savo vietą. O vandenynas labai retai išdžiūsta. Mes aprašome amžinus dalykus.

– Bet užgesęs ugnikalnis gali pabusti, – pertraukė jį mažasis princas. – O ką reiškia „efemeriškas“?

– Ar ugnikalnis užgesęs, ar neužgesęs, mums, geografams, neturi reikšmės, – paaiškino geografas. – Mums svarbu kalnas. Jis nesikeičia.

– Bet ką reiškia „efemeriškas“? – pakartojo mažasis princas, kuris niekada nepamiršdavo ko klausęs.

– Tai reiškia „tas, kuriam skirta greitai išnykti“.

– Vadinasi, mano gėlei skirta greitai išnykti?

– Žinoma.

„Mano gėlė efemeriška, – pagalvojo mažasis princas, – ji turi vos keturis dyglius atsiginti nuo pasaulio! O aš palikau ją vienut vieną savo planetoje!“

Tai buvo pirmas kartas, kai jis pasigailėjo iškeliavęs. Bet vėl atgavo drąsą ir paklausė:

– Ką jūs patartumėte man aplankyti?

– Planetą Žemę, – atsakė geografas. – Ji turi gerą reputaciją...

Ir mažasis princas leidosi į kelią galvodamas apie savo gėlę.

XVI

Tad septintoji planeta buvo Žemė.

Žemė – ne paprasta planeta! Joje yra šimtas vienuolika karalių (žinoma, kartu su karaliais negrais), septyni tūkstančiai geografų, devyni šimtai tūkstančių verslininkų, septyni su puse milijono girtuoklių, trys šimtai vienuolika milijonų garbėtroškų, – iš viso apie du milijardai suaugusiųjų.

Kad įsivaizduotumėte, kokia Žemė didelė, pasakysiu tik tiek, kad prieš išrandant elektrą visuose šešiuose žemynuose reikėjo išlaikyti visą armiją žibintininkų – keturis šimtus šešiasdešimt du tūkstančius penkis šimtus vienuolika žmonių.

Pažvelgus truputį iš toliau, įspūdis buvo nuostabus. Šios armijos judėjimas buvo tvarkomas kaip baleto šokėjų. Pirmiausia ateidavo Naujosios Zelandijos ir Australijos žibintininkų eilė. Uždegę savo žibintus, jie eidavo miegoti. Po jų į šokį įsitraukdavo Kinijos ir Sibiro žibintininkai. Paskui ir jie dingdavo už kulisų. Tada savo žibintus uždegdavo Rusijos ir Indijos žibintininkai. Paskui Afrikos ir Europos. Tada Pietų Amerikos. Po jų Šiaurės Amerikos. Ir jie niekada nesumaišydavo savo eilės, visada išeidavo į sceną laiku. Tai buvo nuostabu.

Tik žibintininkas, turintis uždegti vienintelį žibintą Šiaurės ašigalyje, ir jo draugas, atsakingas už vienintelį žibintą Pietų ašigalyje, gyveno lengvai ir nerūpestingai: jie dirbdavo tik du kartus per metus.

XVII

Kai nori pasirodyti sąmojingas, kartais mažumėlę apsimeluoji. Pasakodamas jums apie žibintininkus, buvau nelabai sąžiningas. Bijau, kad tie, kurie nepažįsta mūsų planetos, nesusidarytų apie ją neteisingos nuomonės. Žemėje žmonės užima labai mažai vietos. Jeigu du milijardai žmonių, gyvenančių Žemėje, glaudžiai sustotų vienoje vietoje tarsi mitinge, jie lengvai tilptų dvidešimt mylių ilgio ir dvidešimt mylių pločio aikštėje. Visą žmoniją būtų galima sutalpinti mažiausioje Ramiojo vandenyno salelėje.

Suaugusieji, žinoma, niekad jumis nepatikės. Jie įsivaizduoja, kad užima labai daug vietos. Mano esą tokie pat dideli kaip baobabai. Patarkit paskaičiuoti. Jiems patiks, nes jie dievina skaičius. Tačiau jūs tokiam nykiam darbui negaiškite laiko. Beprasmiška. Žinau, kad pasitikite manimi.

Tad atvykęs į Žemę mažasis princas labai nustebo neišvydęs nė vieno žmogaus. Net buvo pradėjęs baimintis patekęs ne į tą planetą, tačiau staiga smėlyje sujudėjo kažkokia mėnulio spalvos ringė.

– Labas vakaras, – dėl visa ko pasisveikino mažasis princas.

– Labas vakaras, – atsakė gyvatė.

– Į kokią planetą aš patekau? – paklausė mažasis princas.

– Į Žemę, – atsakė gyvatė. – Į Afriką.

– O!.. Argi Žemėje nėra žmonių?

– Čia dykuma. Dykumose žmonių nebūna. Žemė didelė, – paaiškino gyvatė.

Mažasis princas atsisėdo ant akmens ir pakėlė akis į dangų.

– Įdomu, – tarė jis, – ar žvaigždės šviečia tam, kad kiekvienas kada nors galėtų susirasti savąją? Pažvelk į mano planetą. Ji tiesiai virš mūsų... Bet taip toli!

– Ji graži, – pasakė gyvatė. – O ko tu čia atkeliavai?

– Turiu keblumų su viena gėle, – prisipažino mažasis princas.

– O! – nusistebėjo gyvatė.

Ir juodu nutilo.

– Kur žmonės? – galop vėl paklausė mažasis princas. – Dykumoje jautiesi truputį vienišas...

– Tarp žmonių taip pat jautiesi truputį vienišas, – tarė gyvatė.

Mažasis princas įdėmiai pažvelgė į ją.

– Keista tu, – pagaliau tarė jis. – Plonučiukė it pirštas...

– Bet galingesnė už karaliaus pirštą, – atsikirto gyvatė.

„Keista tu, – pagaliau tarė jis. –
Plonučiukė it pirštas...“

– Neatrodai labai galinga... net neturi letenų... ir net negali keliauti...

– Aš galiu tave nunešti toliau nei laivas, – tarė gyvatė.

Ir apsivyniojo apie mažojo princo kulkšnį tarsi auksinė apyrankė.

– Ką tik aš paliečiu, grąžinu į žemę, iš kurios jis radosi. Bet tu tyras ir atkeliavai iš žvaigždės...

Mažasis princas nieko neatsakė.

– Man tavęs gaila. Tu toks silpnas šioje granito Žemėje. Galbūt vieną dieną galėsiu tau padėti, jeigu imsi labai ilgėtis savo planetos. Aš galiu...

– O, puikiai supratau, – pasakė mažasis princas. – Bet kodėl tu visą laiką kalbi mįslėmis?

– Aš išsprendžiu visas mįsles, – atsakė gyvatė.

Ir juodu nutilo.

XVIII

Mažasis princas perėjo dykumą ir sutiko tik vieną gėlę. Mažą menkutę gėlytę trimis žiedlapiais.

– Laba diena, – pasisveikino mažasis princas.

– Laba diena, – atsakė gėlė.

– Kur žmonės? – mandagiai pasiteiravo mažasis princas.

Vieną dieną gėlė buvo mačiusi pro šalį žengiančią vilkstinę.

– Žmonės? Manau, jų tėra šeši ar septyni. Mačiau juos prieš daugelį metų. Tačiau niekas nežino, kur jų ieškoti. Juos blaško vėjas. Jie neturi šaknų, todėl jiems labai nepatogu.

– Sudie, – atsisveikino mažasis princas.

– Sudie, – atsakė gėlė.

XIX

Mažasis princas užkopė į aukštą kalną. Jis niekad nebuvo matęs kalnų, tik tris ugnikalnius, kurie tesiekė jam kelius. Užgesusiu ugnikalniu jis naudojosi kaip taburete. „Nuo tokio aukšto kalno kaip šitas, – pagalvojo jis, – iškart pamatysiu visą

planetą ir visus žmones". Tačiau pamatė tik smailias it adatos uolų viršūnes.

– Laba diena, – tarė jis dėl visa ko.

– Laba diena... diena... diena... – atsiliepė aidas.

– Kas jūs? – paklausė mažasis princas.

– Kas jūs... kas jūs... kas jūs... – atsišaukė aidas.

– Būkite mano draugai, aš esu vienas, – tarė jis.

– Vienas... vienas... vienas... – atsakė aidas.

„Kokia keista planeta, – pagalvojo mažasis princas. – Visa išdžiūvusi, pilna smailių ir druskėta. O žmonėms trūksta vaizduotės. Jie tik kartoja, ką jiems pasakai... Savo planetoje aš turėjau gėlę: ji visada prabildavo pirma..."

XX

Bet taip jau atsitiko, kad mažasis princas, ilgai žingsniavęs per smėlynus, uolas ir sniegynus, galop rado kelią. O visi keliai veda pas žmones.

– Laba diena, – pasisveikino priėjęs pilną rožių sodą.

– Laba diena, – atsakė rožės.

Mažasis princas pažiūrėjo į jas ir pamatė, kad visos jos panašios į jo gėlę.

– Kas jūs? – suglumęs paklausė.

„Ši planeta visa išdžiūvusi, pilna smailių
ir druskėta“

– Mes rožės, – atsakė rožės.

– O! – nustebo mažasis princas.

Ir pasijuto labai nelaimingas. Jo gėlė jam sakė, kad ji tokia viena visatoje. Ir štai jam prieš akis penki tūkstančiai tokių gėlių viename sode!

„Kaip ji įsižeistų, jeigu jas pamatytų... – pagalvojo mažasis princas. – Imtų baisiausiai kosėti ir apsimestų mirštanti, kad tik nepasirodytų juokinga. O man reikėtų apsimesti, kad rūpinuosi ja kaip ligone, kitaip ji iš tikrųjų numirtų, kad ir mane pažemintų..."

Paskui dar pagalvojo: „Maniau, kad aš turtingas, nes turiu vienintelę pasaulyje gėlę, o pasirodo, ji tik paprasta rožė. Turiu tik ją ir tris iki kelių siekiančius ugnikalnius, kurių vienas tikriausiai amžinai užgesęs... Tai koks gi iš manęs princas..." Ir atsigulęs į žolę pravirko.

XXI

Štai tada ir pasirodė lapė.

– Laba diena, – pasisveikino lapė.

– Laba diena, – mandagiai atsakė mažasis princas, nors atsigręžęs nieko nepamatė.

– Aš čia, – tarė balsas. – Po obelim...

– Kas tu? – paklausė mažasis princas. – Esi labai graži...

– Aš esu lapė, – atsakė lapė.

– Pažaisk su manim, – paprašė mažasis princas. – Man labai liūdna...

– Negaliu žaisti su tavim, – tarė lapė. – Aš neprijaukinta.

– Ak, atleisk, – atsiprašė mažasis princas.

Bet pagalvojęs paklausė:

– Ką reiškia „prijaukinti“?

– Tu ne vietinis, – tarė lapė. – Ko ieškai?

– Ieškau žmonių, – atsakė mažasis princas. – Ką reiškia „prijaukinti“?

– Žmonės, – paaiškino lapė, – turi šautuvus ir medžioja. Tai labai nemalonu! Ir dar jie augina vištas. Tik tai jiems ir terūpi. Tu ieškai vištų?

– Ne, – atsakė mažasis princas. – Aš ieškau draugų. Ką reiškia „prijaukinti?“

– Tai, kas seniai pamiršta, – paaiškino lapė. – Tai reiškia „užmegzti ryšius“.

– Užmegzti ryšius?

– Na, taip, – tarė lapė. – Kol kas tu man tik mažas berniukas, panašus į šimtus tūkstančių kitų berniukų. Tu man nereikalingas. Aš tau irgi nereikalinga. Aš tau esu tik lapė, panaši į šimtą tūkstančių kitų lapių. Bet jei mane prisijaukinsi, mudu tapsime vienas kitam reikalingi. Tu būsi man vienintelis pasaulyje... Aš būsiu tau vienintelė pasaulyje...

– Pradedu suprasti, – tarė mažasis princas. – Viena rožė... Ji tikriausiai mane prisijaukino...

– Galimas daiktas, – atsakė lapė. – Žemėje būna visko...

– O, tai buvo ne Žemėje, – tarė mažasis princas.

Lapė atrodė labai susidomėjusi.

– Kitoje planetoje?

– Taip.

– Ar toje planetoje yra medžiotojų?

– Ne.

– Įdomu! O vištų?

– Ne.

– Nieko nėra tobula, – atsiduso lapė, bet greitai vėl grįžo prie savo minties:

– Mano gyvenimas nuobodus. Aš medžioju vištas, o žmonės medžioja mane. Bet visos vištos panašios ir visi žmonės panašūs. Taigi aš truputį nuobodžiauju. Bet jeigu tu mane prisijaukinsi, mano gyvenimą tarsi nušvies saulė. Aš atpažinsiu tavo žingsnius, skirsiu juos nuo visų kitų. Nuo svetimų žingsnių aš visada slepiuosi po žeme. Tavieji pašauks mane iš olos tarsi muzikos garsai. Nagi, pažvelk tenai! Matai kviečių laukus? Aš neėdu duonos. Grūdų man nereikia. Kviečių laukas man nieko neprimena. Ir tai labai liūdna! Tačiau tavo plaukai aukso spalvos, ir bus nuostabu, kai mane prisijaukinsi! Auksiniai kviečiai man primins tave. Ir man patiks klausytis vėjo šnaresio kviečiuose.

Lapė nutilo ir ilgai žiūrėjo į mažąjį princą.

– Prašau tavęs... prisijaukink mane! – tarė ji.

– Mielai prisijaukinčiau, – atsakė mažasis princas, – bet turiu mažai laiko. Man dar reikia susirasti draugų ir suprasti daug dalykų.

– Suprasti galima tik tai, ką prisijaukini, – tarė lapė. – Žmonės jau nebeturi laiko ką nors suprasti. Jie perka gatavus daiktus parduotuvėse. Tačiau nėra tokių parduotuvių, kur parduodami draugai, todėl žmonės nebeturi draugų. Jeigu nori draugo, prisijaukink mane!

– O ką aš turiu daryti? – paklausė mažasis princas.

– Turi būti labai kantrus, – atsakė lapė. – Iš pradžių atsisėk ant žolės toliau nuo manęs – va taip. Aš žiūrėsiu į tave akies krašteliu, o tu nieko nesakysi. Žodžiai tėra nesusipratimų šaltinis. Tačiau kasdien tu galėsi atsisėsti vis arčiau...

Kitą dieną mažasis princas vėl atėjo.

– Verčiau būtum atėjęs tuo pačiu laiku, – pasakė lapė. – Jeigu, pavyzdžiui, ateisi ketvirtą valandą popiet, aš jau nuo trečios pradėsiu jaustis laiminga. Artėjant tai valandai jausiuosi vis laimingesnė ir laimingesnė. Ketvirtą valandą jau pradėsiu jaudintis ir nerimauti: aš pažinsiu laimės kainą! O jeigu tu ateisi vis kitu laiku, niekad nežinosiu, kada turiu parengti savo širdį... Reikia laikytis tam tikrų ritualų.

– O kas yra „ritualas“? – paklausė mažasis princas.

„Jeigu, pavyzdžiui, ateisi ketvirtą
valandą popiet, aš jau nuo trečios
pradėsiu jaustis laiminga“

– Tai, kas irgi seniai pamiršta, – paaiškino lapė. – Tai, kas daro vieną dieną nepanašią į kitas dienas, vieną valandą – į kitas valandas. Pavyzdžiui, ritualą turi mano medžiotojai. Ketvirtadienį jie šoka su kaimo merginomis. Tai nuostabi diena! Ketvirtadienį galiu nueiti iki pat vynuogyno. Jeigu medžiotojai šoktų kada patinka, visos dienos būtų panašios viena į kitą ir aš niekad neturėčiau atostogų.

Taip mažasis princas prisijaukino lapę. O kai atėjo metas išvykti, lapė tarė:

– Ak!.. Aš tuoj apsiverksiu.

– Pati kalta, – tarė mažasis princas, – aš tau nenorėjau bloga, bet tu užsimanei, kad tave prisijaukinčiau...

– Žinoma, – atsakė lapė.

– Bet tu tuoj apsiverksi, – tarė mažasis princas.

– Žinoma, – atsakė lapė.

– Vadinasi, tu nieko nelaimėjai!

– Ne, – paprieštaravo lapė. – Laimėjau. Kviečių lauko spalvą.

Paskui pridūrė:

– Eik dar sykį pasižiūrėti į rožes. Ir tu suprasi, kad tavo rožė – iš tikrųjų vienintelė pasaulyje. Tada grįžk su manim atsisveikinti, ir aš tau atskleisiu paslaptį. Tai bus mano dovana.

Mažasis princas nuėjo pasižiūrėti rožių.

– Jūs visiškai nepanašios į mano rožę. Jūs dar niekas, – tarė jis. – Jūsų niekas neprisijaukinęs, ir jūs nieko neprisijaukinusios. Tokia anksčiau buvo mano lapė. Ji niekuo nesiskyrė nuo šimto tūkstančio kitų lapių. Bet aš su ja susidraugavau, ir ji dabar vienintelė pasaulyje.

Rožės labai suglumo.

– Jūs gražios, bet tuščios, – kalbėjo toliau mažasis princas. – Dėl jūsų nesinori mirti. Žinoma, paprastas praeivis gali pamanyti, kad manoji rožė panaši į jus, bet ji viena man svarbesnė už jus visas, nes aš ją laisčiau. Atitvėriau pertvara nuo vėjo. Dėl jos sutraiškiau visus vikšrus – na, keletą palikau, kad iš jų išsiristų drugeliai. Nes klausiausi, kaip ji skundžiasi, giriasi arba kartais tyli. Nes ji – mano rožė.

Ir mažasis princas grįžo pas lapę.

– Sudie, – tarė jis.

– Sudie, – atsakė lapė. – Štai mano paslaptis. Ji labai paprasta: matyti galima tik širdimi. Svarbiausi dalykai akims nematomi.

– Svarbiausi dalykai akims nematomi, – pakartojo mažasis princas, kad geriau įsimintų.

– Tavo rožė tau tokia svarbi todėl, kad dėl jos praradai daug laiko.

Ir atsigulęs į žolę jis pravirko

– Mano rožė man tokia svarbi todėl, kad aš... – pakartojo mažasis princas, kad geriau įsimintų.

– Žmonės pamiršo šią tiesą, – tarė lapė. – Bet tu nepamiršk: tampi amžinai atsakingas už tą, ką prisijaukinai. Tu atsakingas už savo rožę...

– Aš atsakingas už savo rožę... – pakartojo mažasis princas, kad geriau įsimintų.

XXII

– Laba diena, – pasisveikino mažasis princas.

– Laba diena, – atsiliepė iešmininkas.

– Ką tu čia veiki? – paklausė mažasis princas.

– Skirstau keleivius į pakus po tūkstantį žmonių, – atsakė iešmininkas. – Išleidžiu traukinius, ir šie juos išvežioja – vienus į dešinę, kitus į kairę.

Ir greitasis traukinys apšviestais langais, dundėdamas it griaustinis, sudrebino iešmininko būdelę.

– Jie labai skuba, – tarė mažasis princas. – Ko jie ieško?

– To nežino nė garvežio mašinistas, – atsakė iešmininkas.

Į priešingą pusę nudundėjo dar vienas švytintis greitasis traukinys.

– Jie jau grįžta? – paklausė mažasis princas.

– Ne, čia kiti, – atsakė iešmininkas. – Tai priešpriešinis traukinys.

– Ar jiems nepatiko ten, kur buvo?

– Gerai ten, kur mūsų nėra, – atsakė iešmininkas.

Pro šalį pradundėjo trečias švytintis traukinys.

– Jie persekioja pirmuosius keleivius? – paklausė mažasis princas.

– Jie nieko nepersekioja, – atsakė iešmininkas. – Jie ten miega arba žiovauja. Tik vaikai prisispaudžia nosimis prie stiklų.

– Tik vaikai ir žino, ko nori, – paaiškino mažasis princas. – Jie visą laiką glėbesčiuoja skudurinę lėlę, ir ji tampa labai svarbi, o jeigu kas ją iš jų atima, jie verkia...

– Jiems gerai, – tarė iešmininkas.

XXIII

– Laba diena, – pasisveikino mažasis princas.

– Laba diena, – atsakė pirklys.

Tai buvo pirklys, parduodantis naujausias piliules troškuliui malšinti. Nuryji vieną per savaitę ir jau nebenori gerti.

– Kodėl tu jas pardavinėji? – paklausė mažasis princas.

– Jos sutaupo daug laiko, – atsakė pirklys. – Specialistai viską apskaičiavo. Jas gerdamas sutaupai penkiasdešimt tris minutes per savaitę.

– O ką žmogus veikia su tomis penkiasdešimt trimis minutėmis?

– Ką tik nori.

„Jeigu aš turėčiau penkiasdešimt tris laisvas minutes, – pagalvojo mažasis princas, – tiesiog lėtai nueičiau prie šaltinio...“

XXIV

Praėjo savaitė nuo mano avarijos dykumoje, ir aš išklausiau pasakojimą apie pirklį gerdamas paskutinį savo vandens atsargų lašą.

– Ak, – tariau mažajam princui, – šitie tavo prisiminimai labai gražūs, bet aš dar nepataisiau lėktuvo, man neliko nė lašo vandens, ir aš taip pat būčiau labai laimingas galėdamas lėtai nueiti prie šaltinio!

– Mano draugė lapė man sakė...

– Mano pypliuk, man dabar ne tavo lapė galvoje!

– Kodėl?

– Dėl to, kad mudu mirsim iš troškulio...

Jis nesuprato mano žodžių prasmės ir atsakė:

– Net jeigu ir teks mirti, vis tiek gerai, kad turėjai draugą. Štai aš labai džiaugiuosi, kad draugavau su lape...

„Jis nesuvokia, koks pavojus gresia, – pagalvojau. – Jis niekad nejaučia nei alkio, nei troškulio. Jam užtenka trupučio saulės...“

Bet jis pažvelgė į mane ir atsiliepė į mano mintis.

– Aš irgi noriu gerti... Paieškokim šulinio...

Pavargęs skėstelėjau rankomis: kvaila aklom ieškoti šulinio beribėje dykumoje. Tačiau mes leidomės žingsniuoti.

Valandų valandas žingsniavome tylėdami. Užėjo naktis, sužibo pirmosios žvaigždės. Nuo troškulio truputį karščiavau, todėl žvaigždes mačiau tarsi sapne. Galvoje sukosi mažojo princo žodžiai, ir aš paklausiau:

– Vadinasi, ir tu ištroškęs?

Tačiau į mano klausimą jis neatsakė. Tik paprastai tarė:

– Vanduo gali būti ir atgaiva širdžiai...

Nesupratau jo žodžių, bet tylėjau... Puikiai žinojau, kad nereikia klausinėti.

Jis buvo pavargęs ir atsisėdo. Aš atsisėdau šalia. Kiek patylėjęs jis tarė:

– Žvaigždės gražios, nes kažkur auga gėlė, kurios nematyti...

Atsakiau „žinoma" ir tylėdamas žiūrėjau į mėnulio apšviestas smėlio vilnis.

– Dykuma graži, – pridūrė jis.

Tai buvo tiesa. Dykuma man visada patiko. Sėdi ant smėlio kopos. Nieko nematai. Nieko negirdi. Ir vis dėlto tyla tarsi spinduliuoja...

– Dykuma atrodo graži dar ir dėl to, – paaiškino mažasis princas, – kad kažkur slepia šulinį...

Nustebau staiga supratęs, kodėl taip paslaptingai švyti smėlis. Kai buvau mažas berniukas, gyvenau sename name, ir žmonės pasakojo, kad jame paslėptas lobis. Žinoma, niekas niekada jo nerado, gal nė neieškojo. Tačiau jis tarsi užbūrė visą namą. Savo širdyje mano namas slėpė paslaptį...

– Taip, – pasakiau mažajam princui, – nesvarbu, ar tai namas, ar žvaigždės, ar dykuma, bet jų grožio šaltinis nematomas!

– Aš labai džiaugiuosi, kad tu sutinki su mano drauge lape.

Paskui mažasis princas užmigo, aš paėmiau jį ant rankų ir leidausi į kelią. Buvau susijaudinęs. Man atrodė, kad nešu trapų lobį. Regėjosi, Žemėje nėra nieko trapesnio. Mėnulio šviesoje žiūrėjau į blyškią kaktą, į užmerktas akis, į vėjyje virpčiojančias plaukų sruogeles ir mąsčiau: „Tai, ką aš matau, tėra žievė. Svarbiausio nematyti..."

Jo pravertos lūpos šyptelėjo, ir aš pagalvojau: „Kai žiūriu į šį miegantį princą, mane labiausiai jaudina jo ištikimybė gėlei, rožės paveikslas, kuris švyti jame tarsi žibinto liepsna net tada, kai jis miega..." Ir supratau, kad jis kur kas trapesnis, nei atrodo. Žibintus reikia rūpestingai saugoti: vėjo gūsis juos gali užpūsti...

Taip žingsniuodamas auštant priėjau šulinį.

Jis nusijuokė, palietė virvę,
ėmė sukti skridinį

XXV

– Žmonės, – tarė mažasis princas, – grūdasi į greituosius traukinius nežinodami, ko ieško. Todėl jie blaškosi ir sukasi ratu...

Paskui pridūrė:

– Ir visiškai veltui...

Šulinys, kurį priėjome, buvo ne toks kaip kiti Sacharos šuliniai. Sacharos šuliniai – tiesiog duobės, išraustos smėlyje. Mūsiškis panėšėjo į kaimo šulinį. Tačiau čia nebuvo jokio kaimo ir aš pamaniau, kad sapnuoju.

– Keista, – tariau mažajam princui, – čia viskas po ranka: ir skridinys, ir kibiras, ir virvė...

Jis nusijuokė, palietė virvę, ėmė sukti skridinį.

Ir skridinys sugirgždėjo, kaip girgžda sena vėtrungė, kai ją pagaliau pajudina užsimiegojęs vėjas.

– Girdi? – paklausė mažasis princas. – Mes pažadinome šulinį, ir jis uždainavo.

Nenorėjau, kad jis pavargtų.

– Leisk man, – tariau. – Tau per sunku.

Lėtai ištraukiau kibirą ir pastačiau ant šulinio krašto. Mano ausyse tebeskambėjo girgždančio skridinio giesmė, kibire raibuliavo vanduo, jo paviršiuje žaidė saulės zuikučiai.

– Noriu gurkštelėti šito vandens, – tarė mažasis princas. – Leisk man atsigerti...

Ir tada aš supratau, ko jis ieškojo!

Pakėliau kibirą jam prie lūpų. Jis atsigėrė užsimerkęs. Tai buvo panašu į šventės vaišes. Šis vanduo buvo ne tik gėrimas. Jis radosi iš ilgos kelionės po žvaigždėm, iš skridinio giesmės, iš mano rankų pastangų. Jis buvo atgaiva širdžiai, tarsi dovana. Kai buvau mažas berniukas, taip man švytėdavo Kalėdų dovanos: Kalėdų eglutės šviesa, vidurnakčio mišių muzika, švelnūs šypsantys veidai.

– Tavo planetoje, – tarė mažasis princas, – viename sode žmonės augina penkis tūkstančius rožių... ir neranda, ko ieško...

– Neranda, – atsakiau.

– O juk tai, ko jie ieško, būtų galima rasti vienoje rožėje ar gurkšnyje vandens...

– Žinoma, – atsakiau.

Mažasis princas pridūrė:

– Bet akys aklos. Reikia ieškoti širdimi.

Atsigėriau vandens. Kvėpuoti buvo lengva. Auštant smėlis atrodo medaus spalvos. Ir ši medaus spalva mane džiugino. Bet kodėl man buvo taip liūdna?..

– Tu privalai tesėti savo pažadą, – švelniai tarė mažasis princas, vėl atsisėdęs šalia manęs.

– Kokį pažadą?

– Tu žinai... antsnukį mano avelei... Juk aš atsakingas už tą gėlę!

Išsiėmiau iš kišenės piešinių eskizus. Mažasis princas juos pastebėjo ir nusijuokė.

– Tavo baobabai truputį panašūs į kopūstus...

– Nejau?

O aš taip didžiavausi savo baobabais!

– O tavo lapė... jos ausys... truputį panašios į ragus... Jos per ilgos!

Jis ir vėl nusijuokė.

– Tu neteisus, mažyli. Aš juk nieko ir nemokėjau piešti, tik smauglius iš išorės ir iš vidaus.

– Tiek to, bus gerai, – tarė jis. – Vaikai supras.

Taigi aš nupiešiau antsnukį. Ir kai atidaviau jį mažajam princui, man suspaudė širdį.

– Tu kažką sumanei, bet man nesakai...

Tačiau jis neatsakė.

– Žinai, – tarė jis, – rytoj sukanka metai, kai aš nukritau į Žemę...

Paskui patylėjęs pridūrė:

– Nukritau visai netoli šios vietos...

Ir paraudo.

Ir vėl, nesuprasdamas kodėl, pajutau keistą graudulį. Vis dėlto man šovė į galvą vienas klausimas:

– Vadinasi, prieš savaitę, tą rytą, kai mudu susipažinome, tu ne šiaip sau vaikštinėjai visiškai vienas už tūkstančio mylių nuo žmonių gyvenamų vietų? Tu ėjai į tą vietą, kur nukritai?

Mažasis princas vėl paraudo.

Aš neryžtingai pridūriau:

– Gal dėl metinių?..

Mažasis princas vėl išraudo. Jis niekad neatsakinėdavo į klausimus, bet kai išrausti, tai reiškia „taip“, ar ne?

– Ak, – pradėjau, – aš bijau...

Bet jis atsakė:

– Dabar tau reikia dirbti. Eik prie savo mašinos. Aš lauksiu tavęs čia. Grįžk rytoj vakare...

Bet man buvo neramu. Prisiminiau lapę. Kai leidiesi prijaukinamas, gali tekti ir paverkti...

XXVI

Šalia šulinio stūksojo senos akmeninės sienos griuvėsiai. Kitą vakarą baigęs darbą grįžau ten ir jau iš tolo pamačiau, kad mažasis princas sėdi ant sienos nukoręs kojas. Išgirdau jo balsą:

– Argi tu neprisimeni? – kalbėjo jis. – Tai buvo visai ne čia!

Tikriausiai kažkas jam atsakė, nes jis paprieštaravo:

– Taip, taip, diena ta pati, bet vieta kita...

Toliau tebežingsniavau prie sienos, bet vis dar nieko nemačiau ir negirdėjau. O mažasis princas ir vėl kažkam atsakė:

– ...Na, žinoma. Pamatysi, kur smėlyje prasideda mano pėdos. Palauk manęs ten. Šiąnakt aš ateisiu.

Jau buvau apie dvidešimt metrų nuo sienos, bet vis dar nieko nemačiau.

Kiek patylėjęs, mažasis princas vėl prašneko:

– O ar tavo nuodai geri? Ar tu tikra, kad man nereikės ilgai kankintis?

Suspausta širdim sustojau, bet vis dar nesupratau.

– Dabar eik šalin... – tarė jis. – Aš noriu nulipti!

Tada nudelbiau akis žemyn prie sienos papėdės, ir šokte pašokau! Pakėlusi galvą į mažąjį princą, ten buvo viena iš tų geltonų gyvačių, kurios gali nužudyti žmogų per pusę minutės. Ieškodamas kišenėje revolverio bėgte pasileidau prie jos, bet išgirdusi mano žingsnius gyvatė tyliai nuvinguriavo smėliu tarsi mirštantis upeliukas ir skimbčiodama it metalas neskubėdama pasislėpė tarp akmenų.

Pribėgau prie sienos pačiu laiku ir pagavau į glėbį savo mažąjį princą. Jis buvo išblyškęs it drobė.

– Ką tai reiškia? Kodėl tu kalbiesi su gyvatėmis?

Nuvyniojau jam nuo kaklo amžinąjį auksinį šaliką, sudrėkinau skruostus ir daviau truputėlį atsi-

„Dabar eik šalin... – tarė jis. – Aš noriu nulipti!“

gerti vandens. Dabar nebedrįsau jo klausinėti. Jis rimtai pažvelgė į mane ir apsivijo man kaklą rankomis. Jutau, kaip daužosi jo širdelė – tarsi mirtinai pašauto paukščio. Jis tarė:

– Džiaugiuosi, kad tu suradai, kas ten buvo atsitikę tavo mašinai. Dabar galėsi grįžti namo...

– Iš kur žinai?

Kaip tik ketinau jam pasakyti, kad man visai netikėtai pavyko sutaisyti lėktuvą!

Jis neatsakė į mano klausimą, tik tarė:

– Šiandien aš irgi grįžtu namo...

Ir liūdnai pridūrė:

– Tai kur kas toliau... ir daug sunkiau...

Jutau, kad dedasi kažkas keista. Spaudžiau jį glėbyje tarsi kūdikį ir vis dėlto man atrodė, kad jis slysta žemyn į bedugnę ir aš nieko negaliu padaryti...

Susirūpinusiu žvilgsniu jis žiūrėjo į tolį.

– Aš turiu tavo avelę. Ir dėžę avelei. Ir antsnukį...

Jis liūdnai nusišypsojo.

Aš ilgai laukiau. Jutau, kad jis pamažu atsigauna.

– Tu išsigandai, mažyli...

Žinoma, jis buvo išsigandęs! Bet tyliai nusijuokė:

– Šį vakarą man bus daug baisiau...

Mane vėl nutvilkė šaltis: jutau, kad atsitiks kažkas nepataisoma. Ir supratau, jog neištverčiau, jei nebegirdėčiau jo juoko. Tas juokas man buvo tarsi šaltinis dykumoje...

– Mažyli, aš dar noriu pasiklausyti, kaip tu juokiesi...

Bet jis pasakė:

– Šiąnakt sukaks metai. Mano žvaigždė patekės tiesiai virš tos vietos, kur aš nukritau praėjusiais metais...

– Klausyk, mažyli, juk viskas – ir gyvatė, ir susitikimas, ir žvaigždė – tik blogas sapnas?..

Jis neatsakė į mano klausimą.

– Svarbiausio mes nematome...

– Taip, žinau...

– Kaip su gėle. Jeigu tu myli gėlę, kuri auga kurioje nors žvaigždėje, tada gera naktį žiūrėti į dangų. Tada visos žvaigždės lyg pražydusios.

– Taip, žinau...

– Kaip ir su vandeniu. Tas vanduo, kurio davei atsigerti, buvo tarsi muzika – dėl to skridinio ir virvės... prisimeni... jis buvo atgaiva.

– Taip, žinau...

– Naktį tu pažvelgsi į žvaigždes. Ten, kur aš gyvenu, visa taip maža, ir aš negaliu tau jos parodyti. Bet tai net geriau. Mano žvaigždė tau bus tik viena iš žvaigždžių. Todėl tau patiks žiūrėti į visas žvaigždes... Visos jos taps tavo draugėmis. Be to, aš turiu tau dovaną...

Jis ir vėl nusijuokė.

– Ak, mažyli, mažyli, kaip man patinka, kai tu juokiesi!

– Tai ir bus mano dovana... tai bus kaip su vandeniu...

– Ką tu nori pasakyti?

– Žvaigždės žmonėms reiškia skirtingus dalykus. Vieniems – keliautojams – žvaigždės rodo kelią. Kitiems jos tėra mažos švieselės. Dar kitiems – mokslininkams – penas apmąstymams. Mano verslininkui jos buvo auksas. Tačiau šiems žmonėms žvaigždės nebylios. O tavo žvaigždės bus ypatingos...

– Ką tu nori pasakyti?

– Kai naktį žvelgsi į dangų, vien dėl to, kad aš gyvensiu vienoje iš jų ir juoksiuosi vienoje iš jų, tau atrodys, tarsi juokiasi visos žvaigždės. Tik tu vienas turėsi žvaigždes, kurios moka juoktis!

Ir jis dar kartą nusijuokė.

– Ir kai tu nusiraminsi (juk žmogus galų gale visada nusiramina), džiaugsies, kad kadaise buvai sutikęs mane. Tu visada būsi mano draugas. Ir norėsi juoktis su manimi. Kartais atversi langą – šiaip sau, dėl malonumo... Ir tavo draugai nustebs pamatę, kad tu juokiesi žiūrėdamas į dangų. Tada jiems pasakysi: „Taip, taip, aš visada juokiuosi žiūrėdamas į žvaigždes!“ Ir jie pamanys, kad tu išsikraustei iš proto. Štai kokį bjaurų pokštą būsiu tau iškrėtęs...

Ir jis vėl nusijuokė.

– Tarsi vietoj žvaigždžių tau būčiau padovanojęs daugybę mažų besijuokiančių skambalėlių...

Ir vėl nusijuokė. Paskui surimtėjo:

– Žinai... šiąnakt... tu neateik.

– Aš tavęs nepaliksiu.

– Tau pasirodys, kad man skauda... gal net atrodys, kad aš mirštu. Taip jau yra. Todėl nereikia į tai žiūrėti. Neverta...

– Aš tavęs nepaliksiu.

Bet jis buvo susirūpinęs.

– Žinai... neateik dar ir dėl gyvatės. Kad tau neįgeltų... Gyvatės piktos. Jos gali įgelti tiesiog dėl malonumo...

– Aš tavęs nepaliksiu.

Tačiau viena mintis jį nuramino:

– Tiesa, antram įkandimui jos nebeturi nuodų...

Tą naktį nepastebėjau, kada jis leidosi į kelią. Jis paspruko tyliai. Kai man pavyko jį pasivyti, jis žingsniavo ryžtingai, greitu žingsniu.

– O, čia tu... – ištarė jis ir paėmė man už rankos. Bet vis dar sielojosi.

– Be reikalo atėjai. Tau bus skaudu. Atrodys, kad aš miręs, bet tai bus netiesa...

Aš tylėjau.

– Supranti... Tai pernelyg toli. Aš negaliu ten nusinešti savo kūno. Jis per sunkus.

Aš tylėjau.

– Tai bus panašu į seną pamirštą žievę. Bet senos žievės neatrodo liūdnai...

Aš tylėjau.

Jis truputį nusiminė. Bet sukaupęs paskutines jėgas tarė:

– Žinai, bus labai miela. Aš taip pat žiūrėsiu į žvaigždes. Ir visos žvaigždės bus šuliniai surūdijusiais skridiniais. Ir kiekviena žvaigždė man įpils vandens atsigerti...

Aš tylėjau.

– Bus taip įdomu! Tu turėsi penkis šimtus milijonų skambalėlių, o aš turėsiu penkis šimtus milijonų šaltinių...

Ir jis taip pat nutilo. Verkė...

– Štai čia. Leisk man žengti dar vieną žingsnį vienam.

Ir jis atsisėdo, nes bijojo. Paskui tarė:

– Žinai... mano gėlė... Aš esu už ją atsakingas! O ji tokia silpna! Ir tokia naivi! Ir turi vos keturis dyglius atsiginti nuo pasaulio...

Aš taip pat atsisėdau, nes nebeįstengiau stovėti. Jis tarė:

– Na... štai ir viskas...

Truputėlį padvejojęs atsistojo. Žengė žingsnį. Aš neįstengiau nė krustelėti.

Prie jo kulkšnies blykstelėjo geltonas žaibas, ir viskas. Akimirką jis stovėjo nejudėdamas. Nesušuko. Paskui pargriuvo – tyliai, kaip griūva medis. Nepasigirdo nė garso – jį sugėrė smėlis.

XXVII

Ir štai jau praėjo šešeri metai... Aš dar niekam nepasakojau šios istorijos. Kai grįžau, draugai, su kuriais susitikau, džiaugėsi vėl matydami mane gyvą. Man buvo liūdna, bet jiems sakiau: „Aš pavargęs..."

Dabar aš jau kiek apsiraminęs. Nors... nevisiškai ramus. Bet aš žinau, kad jis grįžo į savo planetą, nes prašvitus neradau jo kūno. Šiaip ar taip, jis nebuvo labai sunkus... O naktimis man patinka klausytis žvaigždžių. Atrodo, klausaisi penkių šimtų milijonų skambalėlių...

Tačiau man neduoda ramybės vienas keistas dalykas. Piešdamas antsnukį mažojo princo avelei pamiršau nupiešti odinį diržiuką! Mažasis princas niekada negalės jo užmauti avelei. Taigi aš

Jis pargriuvo – tyliai, kaip griūva medis

klausiu savęs: „Kas atsitiko jo planetoje? Gal avelė suėdė gėlę?..“

O kartais sakau sau: „Ne, žinoma, ne! Mažasis princas kasnakt pavožia savo gėlę po stikliniu gaubtu ir akylai saugo savo avelę...“ Tada būna laimingas. Ir tyliai juokiasi visos žvaigždės.

Bet paskui pagalvoju: „Kartais būname išsiblaškę, ir tada visko gali atsitikti. O gal vieną vakarą jis užmiršo stiklinį gaubtą arba naktį į lauką išslinko avelė...“ Ir tada visi skambalėliai virsta ašaromis!..

Tai iš tikrųjų didelė paslaptis. Jums, taip pat mylintiems mažąjį princą, visas pasaulis, kaip ir man, yra vienoks, jei kažkur, nežinia kur, avelė, kurios mes niekad nematėme, suėdė rožę, ir kitoks, jei jos nesuėdė...

Pažvelkit į dangų. Ir paklauskit savęs: „Suėdė avelė gėlę ar ne?“ Ir pamatysite, kaip viskas keičiasi...

Bet joks suaugęs žmogus niekada nesupras, kaip tai svarbu!

Šis vaizdas man gražiausias ir liūdniausias pasaulyje. Čia ta pati vieta kaip ir ankstesniame puslapyje, bet aš nupiešiau ją dar kartą, kad geriau įsižiūrėtumėte. Kaip tik čia mažasis princas pasirodė Žemėje, paskui dingo.

Įsižiūrėkit atidžiai į šį vaizdą, kad tikrai jį atpažintumėte, jeigu kada nors į Afriką keliausite dykuma. Ir jeigu jums teks keliauti ta vieta, maldauju: neskubėkit, palūkuriuokit po šia žvaigžde! Ir jeigu prie jūsų prieis auksaplaukis vaikiukas, jei jis nusijuoks ir jei nieko neatsakys klausiamas, jūs, žinoma, atspėsite, kas jis. Todėl maloniai prašau: neleiskit man liūdėti ir kuo greičiau parašykit, kad jis grįžo...

Saint-Exupéry, Antoine de

Sa73 Mažasis princas: [pasaka] / Antoine de Saint-Exupéry; iš prancūzų kalbos vertė Pranas Bieliauskas; su autoriaus akvarelėmis. – Vilnius: Alma littera, 2009. – 104 p.: iliustr.

ISBN 978-9955-08-962-9

Garsaus prancūzų rašytojo, žurnalisto ir lakūno alegorinė pasaka, žavinti viso pasaulio vaikus ir suaugusius žmones. Tai knyga apie berniuką iš kitos planetos, apie jo tarpplanetines keliones ir sykiu išmintingas pasakojimas apie žmogaus lemtį.

UDK 840-93

Antoine de Saint-Exupéry

MAŽASIS PRINCAS

Iš prancūzų kalbos vertė *Pranas Bieliauskas*

Redaktorė *Diana Bučiūtė*
Korektorė *Vilma Zenevičienė*
Maketavo *Ligita Plešanova*

Tiražas 2000 egz.
Išleido leidykla „Alma littera“, Ulonų g. 2, LT-08245 Vilnius
Interneto svetainė: www.almalittera.lt
Spaudė UAB „Spindulio spaustuvė“, Vakarinis aplinkkelis 24, LT-48184 Kaunas